비움과
금강경

근본불교와 대승에서의 공

비움과
금강경

시현 번역과 해설

삼수

부처님 귀의처로 제가 갑니다.

법인 귀의처로 제가 갑니다.

대중인 귀의처로 제가 갑니다.

Buddaṁ saraṇaṁ gacchāmi.
Dhammaṁ saraṇaṁ gacchāmi.
Saṅghaṁ saraṇaṁ gacchāmi.

들어가기

1. 인연

지난 2021년 하안거부터 2022년 동안거 기간에 문경 원적사 원적선원에서는 뜻을 함께하는 도반들이 모여 부처님의 근본 가르침을 확인하고 그에 부합하는 대중살림을 실제로 구현하는 작업을 진행했습니다. 이를테면, 계정혜 '세 덩어리들'(三蘊)의 원만한 수습을 위해 해제철에도 반월마다 재계(布薩) 의식을 시행했고, 새벽과 저녁에는 대중방 좌선 정진을 했으며, 일주일에 한 번씩 니까야 경전을 공부했습니다.

아마도 한국불교 최초로 승잔(僧殘) 참회가 이루어졌고, 세계불교 최초로 '잘고 잇따라 자잘한 공부조목'(小小戒)에 대해 버릴 것과 지킬 것을 '알림과 네 번의 작업'(白四羯磨)을 통해 4단두, 13승잔, 4사타, 60단타, 7멸쟁을 확정하고 실천했습니다. 나아가 재정의 투명화가 이루어졌고 재정의 집행과 인사 관리 및 대중의 대소사를 모두 대중의 작업(羯磨)으로 결정했습니다. 이로써 한국불교 자체로도 근본 규제집(律藏)에 입각해서 정법 대중이 형성되고 실천될 수 있다는 이정표가 세워졌다고 봅니다. 이 책은 그러한 원적선원의 마지막 경전 공부의 결과물입니다.

이 경전 공부의 취지는 공(空) 사상의 변천을 살펴보려는 것이었습니다. 그래서 근본 경전에서 유일하게 공을 중심적으로 다루고 있는 '중간 부류'(맛지마니까야) 제121번인『작은 비움 가닥(小空經)』과 제122번인『큰 비움 가닥(大空經)』을 선택했고, 대승 경전으로는『금강경』과『반야심경』을 다루었습니다.

2. 격의법 용어 풀이

결론부터 말하자면, 공의 개념을 이해하기 위해서는 먼저 격의법을 알아야 한다는 것입니다.

격의(格義, Matching Concepts)란 필자가 격의불교에서 따온 개념입니다. '격의불교'란 중국에서 불교를 수입할 때 불교의 용어를 번역하고 설명함에 있어서 기존 중국의 유교나 노장사상의 용어와 그 뜻을 차용한 불교를 말합니다. 그러나 이것은 결과론적인 해석이고 정작 격의라는 용어의 축자적인 글자 풀이는 이루어지지 않은 것 같습니다.

격의불교의 방식과 그 흐름은 3세기 위진(魏晉) 시대부터 발견되지만 격의라는 용어는 『고승전(高僧傳)』 제4권에서 4세기 서진(西晉) 말엽의 인도 스님인 축법아(竺法雅)가 이용한 방법론으로 처음 사용되었습니다. "경전 중에 나타나는 사안과 법수를 외서에 견주어 이해를 돕는 본보기로 삼는 것을 격의라 한다. 비부 스님이나 상담 스님 등등에 이르기까지 또한 격의를 변론하며 문도를 가르쳤다."(以經中事數擬配外書, 為生解之例, 謂之格義, 乃毘浮相曇等, 亦辯格義以訓門徒. 大正50-347)에서 확인됩니다. 격의법의 예를 들자면, 불교의 열반 혹은 '형성된 것이 없음'(asaṅkhata)을 무위(無爲)로, 비움(suññata)을 무(無)로, 5계(殺盜淫妄酒)를 5상(仁義禮智信) 등등으로 번역하거나 이해한 것을 말합니다.

지금까지 격의에 대한 확실한 용어 풀이를 만나기 힘들었던 이유는 격(格)이라는 단어가 까다로운 쓰임새를 갖고 있기 때문입니다. 『대학』에서 공자가 말한 격물치지(格物致知)의 '格'을 어떻게 해석해야 하는가에 대해서 오랜 세월 여러 주장이 제기됐던 것을 보면 알 수 있습니다.

대표적이고 정통적인 주자의 설명을 선택해서 풀이하자면, 주자는 격물치지를 卽物而窮其理(사물에 즉하여 그 이치를 궁구하다)로 풀이했고, '格'을 '다다르다'(至)와 '궁구하다'(窮)의 두 가지 뜻이 동시에 들어 있는 것으로 해석했습니다. 그런데 卽物의 '卽'은 혼연일체가 된 듯이 '지극하게 밀착되다'라는 뜻입니다. 다시 말해 다다르되 상대의 틀에 맞춰 쩍 달라붙을 정도로 다다르는 형국을 표현한다고 말할 수 있습니다. 그에 따라서 '格'을 '상대의 틀에 맞춰 지극하게 달라붙고서 헤아리는 것'이라고 해석한다면, 격의란 '기존의 뜻에 달라붙어서 헤아리는 것'이라고 풀이할 수 있습니다. 이러한 풀이는 격의불교에서 격의란 기존의 유교 혹은 노장사상의 용어와 뜻을 차용해서 불교 용어를 이해하는 방법이라는 결과론적인 해석과 맞아떨어지게 됩니다.

3. 격의법과 이제설

격의법에서 세상 사람들이 일상적으로 이미 알고 있는 기존의 개념을 '일반적인 의미'라고 부를 수 있겠고 새롭게 부여된 불교만의 개념을 '전문적인 의미'라고 부를 수 있겠습니다.

그런데 이렇게 부처님의 말씀을 이분법으로 파악하는 일은 이미 용수(나가르주나)의 『중론』(제24품 제8송)에서 찾아볼 수 있고 그것을 이제설(二諦說)이라 부릅니다. 즉, '세상에서 합의된 진실'(loka saṁvṛti satya, 俗諦)과 '궁극적인 의미에서의 진실'(paramārthataḥ satya, 眞諦)을 말합니다. 그리고 이어서 "이 두 가지 진실들의 분별을 식별하지 못하면 부처님의 가르침에서 심오한 사실을 식별할 수 없다."(제9송) "세상의 언표에 의존하지 않는다면 궁극적인 의미는 교시될 수 없고 궁극적인 의미가 다가오지 않는다면 꺼짐(열반)은 획득되지 않는다."(제10송)라고 말하고 있습니다. 그러나 속제와 진제에 대한 더 이상의 설명은 없습니다.

그런데 부파불교의 아비담마(abhidhamma, 勝法, 對法, 뛰어난 법) 철학에서도 부처님의 말씀을 세속적 차원과 궁극적 차원인 둘로 나눠 보는 견해가 성립되어 있었습니다. 초디1-501의 주석 538번을 보면 '합의된 이야기'(sammuti kathā)와 '궁극적 의미의 이야기'(paramattha kathā)라고 구별하는 설명이 나옵니다. 여기에서 '합의된 이야기'란 중생, 인간, 천신 등이라 하고 '궁극적 의미의 이야기'란 무상, 괴로움, 자기 없음 등이라고 말합니다. 여기에서 궁극적이란 불교만의 전문적이라는 뜻이라고 말할 수 있습니다.

이러한 해석은 지금까지도 충실히 답습되고 있습니다. 이 주석에 상응하는 경의 본문 내용은 '자기의 획득'(atta paṭilābha)이라는 용어가 '세상의 일반'(loka samañña)이자 '세상의 언표'(loka vohāra)일 뿐이라는 것입니다. 이것을 『중론』에서는 '세상에서 합의된 진실'이라 표현했고 아비담마 철학에서는 '합의된 이야기'라고 표현했습니다. 이러한 표현과 평가는 문제가 없습니다.

그러나 이러한 표현과는 전혀 다른 궁극적인 표현이 따로 있다는 이분법적인 주장은 편협하게 비약적인 결론입니다. 예를 들자면, 자기(attan, 我)라는 용어는 격의법이 적용된 대표적인 경우로 여러 단계로 된 의미의 중층적 스펙트럼을 가집니다. 첫 번째로 일차적 의미는 일상적으로 체험되고 표현되는 '나'라는 현실적 개체를 말합니다. 두 번째로는 변하지만 단일한 주체성을 의미하는 자아를 말합니다. 세 번째로는 영원불변한 주체를 의미하는 진아를 말합니다. 그런데 부처님께서 말하고자 하는 궁극적인 차원은 두 번째와 세 번째를 부정하는 '자기 없음'(anattan, 無我)입니다. 이렇게 궁극적인 의미를 나타낼 때에도 세상의 통념이자 일반적으로 쓰이는 용어인 '자기'를 그대로 사용합니다. 전혀 다른 단어로 궁극적인 의미를 나타내는 것이 아님을 알 수 있습니다.

　　『중론』에서는 이제설을 분간하지 못하면 부처님의 심오한 가르침을 식별할 수 없을 것이라고 했습니다. 그런데 만일 이제설이 아비담마 철학에서 주장하는 것처럼 인간 천신 등의 합의된 단어와 무상 무아 등의 궁극적인 단어로 나눠지는 것을 말한다면 이 정도를 분간하지 못할 사람이 몇이나 있을 것이며, 분간하지 못하면 부처님의 심오한 가르침을 식별하지 못할 것이라고 강조할 이유 또한 있을까 싶습니다. 물론 무상 무아를 궁극적인 차원으로 체득하고 깨닫는 것은 어려운 일이지만 이것은 이제설의 구분을 파악하는 일과는 다른 문제입니다.

『중론』에서 말하고자 하는 것은 가르침에 대한 깨달음의 어려움이 아니라 가르침을 식별하는 어려움입니다. 그 식별하기 어려운 중요한 이유가 이제설을 분간하지 못하기 때문이라는 것입니다. 또한 『중론』의 제10송에서 말했듯이 가르침에 대한 깨달음의 어려움은 가르침을 식별하는 어려움의 다음에 오는 일입니다.

이제설의 진정한 의미는 '자기'라는 단어에서도 드러나듯이 세상에서 일반적으로 쓰이는 단어와 그 의미를 불교만의 전문적인 의미로 심화해서 사용하는 것이라고 해석해야 될 것입니다. 이러한 언어 사용법을 필자는 한마디로 격의법이라고 부릅니다.

물론 필자가 생각하는 불교의 궁극적인 진리는 '자기 없이 따라서 같이 생겨남'(無我緣起)이라고 보고 있으며 '따라서 같이 생겨남'(paṭicca-sam-uppāda)이라는 기존에 없던 불교만의 전문적인 용어가 따로 있다는 것도 인정합니다. 그러나 이러한 불교만의 전문적인 용어는 극히 일부에 지나지 않습니다. 심지어 '따라서-같이-생겨남'이라는 복합어의 구성 단어들도 기존의 일반적인 의미의 단어들로 이루어져 있습니다.

이상의 내용들은 이제설의 진정한 의미가 일반적으로 쓰이는 '하나의 단어'를 불교만의 전문적인 의미를 부과하며 사용하는 것이라는 점을 드러내고 있습니다. 불교의 중요한 용어는 거의 이러한 격의법으로 구사되고 있습니다. 그러므로 불교의 중요한 용어들을 경에서 만나면 문맥에 따라 일상의 일반적인 의미로 쓰인 것인지 불교만의 전문적인 의미로 쓰인 것인지 잘 판별해야 합니다. 그렇지 않으면 『중론』에서 말한 것처럼 부처님의 심오한 가르침을 판별하지 못하고 엉뚱한 오해를 일으킬 수 있습니다. 다음 용어들의 격의법을 보면 그러한 오해에 대한 좀 더 선명한 이해를 얻을 수 있을 것입니다.

4. 불교 기본 용어들의 격의법

앞서 말했듯이 불교의 중요 용어들은 기본적인 뜻은 같지만 어느 문맥에서 사용되었느냐에 따라 전혀 다른 개념의 차원을 나타내게 됩니다. 몇 가지 중요한 용어들을 들어보겠습니다.

① 생성됨의 단절(vibhava, 無有)
'생성됨의 단절'은 세 가지 갈구들, 즉 '욕망에 대한 갈구'(慾愛), '생성됨에 대한 갈구'(有愛), '생성됨의 단절에 대한 갈구'(無有愛)에서 나타납니다. 이때의 생성됨의 단절이란 '나다'라는-착각(asmi-māna)에 사로잡혀서 그 나란 것이 단절되고 없어진다

13

는 개념으로 쓰였습니다. 쉽게 말해 죽으면 나란 것은 깡그리 소멸한다는 주장과 궤를 같이합니다. 단멸론에 입각한 갈구인 것입니다. 디가니까야『범망경』에서도 단멸론을 설명하는 용어로 나옵니다.(초디1-153) 이것은 일반적이고 기본적인 차원에서 부정적인 의미로 쓰인 것입니다.

그러나 생성됨의 단절은 전문적인 차원에서 긍정적인 의미로도 쓰입니다.

"방해물(色)의 '생성됨이 단절되기 때문에'(vibhavā), 느낌의 생성됨이 단절되기 때문에, 인지의 생성됨이 단절되기 때문에, 형성작용의 생성됨이 단절되기 때문에, 식별의 생성됨이 단절되기 때문에, '있을 수 없다면 나에게도 있을 수 없으리라. 생성되지 않을 것이니 나에게도 생성되지 않으리라.'라고 이와 같이 확고한 비구는 다섯 가지 낮은 결박들을 잘라낼 것입니다."(초상3-216)

"만일 생성된 것을 완전히 알고 '생성되거나 생성되지 않음에'(bhava-abhave) 대한 갈구를 떨쳐낸 비구는 생성된 것의 '생성됨이 단절되기 때문에'(vibhavā) 다시 생성됨으로 가지 않는다."(초이-217)

여기에서의 생성됨의 단절이란 '나다'라는 착각이 제거되어 더 이상 어떤 존재로도 생성되지 않는다는 전문적인 의미입니다. 이렇게 '생성됨의 단절'이라는 용어도 격의법이 적용되어 사용되었습니다.

그런데 이렇게 생성됨의 단절이 일반적인 의미와 전문적인 의미를 동시에 가진다면 다시 앞의 세 가지 갈구들 중에 세 번째인 '생성됨의 단절에 대한 갈구'도 전문적인 의미로도 해석할 여지가 있다고 볼 수 있습니다. 부처님께서는 욕구(chanda)로써 욕구를 제거할 수 있다고 하셨습니다.(초상6-121) 그러므로 생성됨의 단절을 전문적인 차원으로 보더라도 그것을 갈구함으로써 궁극적인 소멸을 이룰 수 있는 것이 아닐까 하고 의문을 품을 수 있습니다. 하지만 세 가지 갈구들은 '12고리의 따라서 같이 생겨난 법들'에서의 갈구를 분석한 것이어서 생사로 가는 갈구만을 다룬 것입니다. 그러므로 일반적인 의미의 갈구로 한정해야 합니다. 이렇게 격의법이라야 의미의 차원을 정확히 분간할 수 있습니다.

이상과 같이 격의법의 중요성을 선명하게 드러내기 위해 정반대의 개념으로 쓰인 경우를 예로 들었지만 격의법으로 쓰인 중요 용어들은 '자기'처럼 여러 차원으로 개념의 스펙트럼을 가질 수 있습니다.

② 꺼짐(nibbāna)

열반(涅槃)으로 음역된 꺼짐(nibbāna)은 부처님께서도 전법을 망설였을 정도로 사용하기 껄끄러운 용어이지만 어쩔 수 없이 직역으로 사용해야 합니다. 이 용어의 격의법을 모르면 "불빛의 꺼짐"(pajjotassa eva nibbānaṁ, 초상1-537, 초디2-291)을 '불빛의 열반'이라고 번역할 수도 있습니다. 그러나 이것은 일상적인 의미로 사용된 '꺼짐'으로 번역해야 할 문맥입니다. 또한 "그런 경우는 완전히 꺼지게 됩니다."(tasmiṁ ṭhāne parinibbāyati, 초맛 2-650)라는 표현도 부적응의 상태가 '소멸된다'는 내용의 일반적인 의미로 사용된 경우이지 반열반(parinibbāna, 般涅槃, 완전히 꺼짐)이라는 전문적인 의미가 아닙니다. 다만 소멸이 꺼짐의 유사어라는 것은 알 수 있습니다.

이러한 꺼짐이라는 단어를 부처님께서는 '탐진치의 소멸'(초상4-510) 혹은 '형성된 것이 없음'(초상5-100)이라는 차원을 나타내는 전문적인 의미로 사용하셨습니다. 이런 격의법을 모르다 보니 추상적이고 초월적이며 신비적인 열반이라는 음역만 남고 꺼짐이라는 기본적이면서도 궁극적인 의미는 모르는 시대가 되어버렸습니다.

③ 해탈(vimutti, 解脫)
수행으로만 알 수 있는 고차원적인 개념으로 이해되곤 하는 해탈이라는 용어도 일반적으로 '풀려남'이라는 기본 개념을 가진 용어일 뿐입니다. 그래서 "(굶주림으로) 힘과 정진이 쇠락해졌을

때 마음의 해탈이 쇠락해졌습니다."(초맛1-601, 한맛-328)라는 문장에서 '마음의 해탈'(ceto vimutti)이란 문맥상 세속적인 물질에 구속되지 않는 풀려난 마음을 의미하므로 "힘과 정진이 쇠락해졌을 때 마음의 풀려남도 쇠락해졌습니다."라고 일상적인 의미로 번역하는 것이 좋습니다. 그래야 이어지는 문장인 "마음의 풀려남이 쇠락해지니까 마구니가 놓은 그 미끼인 세상의 물질들로 되돌아갔습니다."가 자연스럽게 이해됩니다. 그러나 '마음의 풀려남'(心解脫)은 전문적으로 쓰일 때, '다섯 가지의 덮개들'(대끝-418)로부터 풀려나는 마음의 고정됨(삼매)의 여러 차원들을 모두 표현하는 용어입니다. 궁극적으로는 꺼짐과 동의어가 되기도 합니다.(초맛1-396)

④ 명칭과 방해물(nāma-rūpa, 名色)

'명칭과 방해물'도 브라만교의 우빠니샤드에서 이미 쓰이고 있던 일반적인 용어였습니다. 부처님께서 이 용어를 모르고 사용했을 리는 없기 때문에 이 용어에 대해 우빠니샤드를 번역하는 번역어와 전혀 다르게 번역할 이유도 없을 것입니다. 기본적이고 일차적인 뜻은 같을 수밖에 없습니다. 이때의 '명칭'을 갑자기 '정신'으로 번역하는 것은 엉뚱한 오역입니다.(비급-147)

한편 rūpa도 기본적이고 일차적인 의미는 방해물이었습니다. 다음과 같은 일반적인 문맥에서 확인됩니다. "눈이 있는 자

는 방해물들을(rūpāni) 보라고 어둠 속에서 횃불을 쥐어 주듯
이"(초상1-336, 초디2-282)

그러나 부처님은 이런 일반적인 의미로 쓰이고 있던 방해물
을 "네 가지 큰 생성체들(땅·액체·화기·공기)과 네 가지 큰 생성
체들을 포착한 것으로서의 방해물"(초상2-98)이라고 전문적으
로 규정하셨습니다. 물론 전문적인 규정이라고 해서 일반적으
로 쓰이고 있던 방해물이라는 단어의 기본적인 뜻을 저버리는
것은 아닙니다. "방해된다고 해서 방해물이라고 합니다. 그러
면 무엇에 의해 방해되겠습니까? 추위에 의해서도 방해되고,
더위에 의해서도 방해되고, 배고픔에 의해서도 방해되고, 목마
름에 의해서도 방해되고, 파리·모기·뙤약볕·파충류와의 접
촉에 의해서도 방해됩니다. 비구들이여, 이렇게 방해된다고 해
서 방해물이라고 합니다."(초상3-274, 대끝-195)라는 설명에서
확인됩니다. 요즘에 쓰이는 물질과는 다른 개념이라는 것에 유
념해야 합니다.

⑤ 상기(sati, 念)
상기를 마음챙김, 새김, 기억, 주의 등으로 다양하게 번역하는
것도 격의법을 모르고서 일상적이고도 일반적인 의미를 찾는
것에 소홀했기 때문입니다.(비급-446) 상기는 일반적으로 기억
을 떠올린다는 의미이므로, 자신의 지난 행적을 떠올린다고 할

때에도(한비-956), 해로운 생각들을 떠올린다고 할 때에도(초맛 1-510) 상기라는 단어를 일상적으로 사용합니다.

또 다른 예로, 『죽음에 대해 상기함 가닥』(초앙4-89)을 보면 경험해 본 적이 없는 죽음을 기억한다는 얘기도 아니고 죽음의 일어나고 사라지는 지금의 현상을 놓치지 않고 마음챙김을 하거나 알아차리라는 얘기도 아닙니다. 다만 자기가 언제든, 어떻게든 죽을 수 있는 무상한 존재라는 사실을 상기하라고 설명된 수행법입니다. 이때의 상기에는 성찰, 반조, 명심, 기억, 떠올림, 되새김 등의 의미가 내포되어 있습니다. 그러나 그 하나의 의미에 국한시킬 수는 없습니다. 격의법을 모르면 이런 다양한 의미를 내포하는 기본적인 번역어를 놓치고 문맥에 따라 그때그때 편협한 번역어로 바꾸어 번역하는 실수를 범하게 됩니다.

한편, 상기가 전문적인 수행 문맥에서 쓰일 때에는 자신의 수행 주제인 호흡, 느낌, 색깔, 염불 등을 기억하며 자꾸 떠올린다는 의미로 쓰입니다. 수행 주제를 끊임없이 떠올리다 보면 그 수행 주제를 일부러 떠올리려고 하지 않아도 저절로 마음에서 현전하며 사라지지 않는 경지가 오고야 마는데, 이것은 상기에 힘이 붙어서 생기는 현상입니다. 그래서 '다섯 가지 힘들'(五力) 중에 상기가 하나로 들어 있는 것입니다. 그리고 이것은 모든 수행에서 나타나는 현상이며 깨달음이 멀지 않은 고정됨의 현상이기도 합니다. 이 점은 깨달음에 이르는 수행의 대동맥에 해당하므로 생사 해결에 목숨 건 수행자들은 반드시 이해하고 숙지해야 할 내용입니다. 이 정도로 중요한 내용이 아직 명쾌하게 밝혀지지 않은 것 같습니다. 물론 삿된 세속적인 일을 계속 생각해도 그것에 대해 상기력이 붙어서 머릿속에서 그 일이 떠나지 않는 현상이 일어난다는 것을 다들 아실 겁니다. 이렇게 상기는 향하는 주제에 따라 해롭기도 한 것입니다. 그러므로 상기를 항상 유익한 마음부수로 배정하는 아비담마 철학은 편협한 오류를 범했다는 것도 알 수 있을 것입니다.

⑥ 고정됨(samādhi, 定, 三昧)

격의법을 모르면 수행에 있어서 핵심 개념인 고정됨을 규정하는 문장도 엉뚱하게 변질됩니다. 부처님께서는 고정됨을 "비구들이여, 여기 성스러운 직제자는 내놓은 대상을 만든 후에 고정됨을 얻고 마음의 단일한 정점 상태를 얻습니다."(초상5-544, S48:9)라고 설명하셨습니다. 여기에서 내놓음(vossagga)은 개인 처소에 가서도 상기할 수 있도록 인지시키기 위해 흙 원반 같은 수행 주제를 눈앞에 만들어서 내려놓는다는 말입니다. 이것을 "철저한 버림을 대상으로 삼아"라든지, "대상을 버리고"(한상6-256)라고 번역하는 것은 오역입니다. 이런 오역은 내놓음이라는 단어가 '내놓음으로 귀속되는'(vossagga pariṇāmi, 捨遺廻向)이라고 하며 꺼짐을 의미하는 전문적인 의미로 사용된 것을 보고 일반적인 문맥에 적용시킨 결과입니다. 그러나 내놓음은 기본적으로 자기가 가진 것을 "내놓기 좋아하는"(vossagga rata, 초상6-269)과 같은 일반적인 의미로 파악해야 합니다. 일반적인 의미의 기본 개념을 모르면 이렇게 중요하고도 쉬운 핵심 용어가 추상적으로 오해되면서 갖가지 해석이 난무하게 되는 것입니다.

⑦ 직접 앎(aññā)

격의법에 대한 무지는 깨달음의 문제까지 오류를 일으킵니다. 그중에서도 명사로서의 '직접 앎'은 동격자(아라한)의 깨달음을 나타내는 용어로만 쓰입니다. 그래서 '위없는 앎'이나 '궁극적인 앎'이나 '구경의 지혜' 등으로 번역되고 있습니다. 그러나 동사로서의 '직접 안다'(ājānāti)는 일상적인 문맥에서 '보고 듣고 해서 체험적으로 확실히 안다'는 말입니다. 물론 네 가지 과위의 깨달음들도 직접 아는 것들의 하나일 것입니다.

다시 말해 '직접 안다'라는 동사는 일상의 체험이든 깨달음의 체험이든 널리 일반적으로 쓰이는 용어이지만 이것의 명사형인 '직접 앎'은 오직 동격과를 이루는 깨달음에만 쓰이는 전문적인 용어입니다. 이러한 구분을 못하면 꼰단냐 존자가 예류과를 이루었을 때 "꼰단냐 벗이 참으로 직접 알았도다!"(초상 6-391)라는 부처님의 감탄사를 "참으로 꼰단냐는 완전하게 알

왔구나."라거나 "꼰당냐는 궁극적인 앎을 얻었다."(한상7-675)
와 같은 오역을 하게 됩니다. 한편, 부처님의 감탄사로 인해서
얻는 꼰단냐의 별칭도 '직접 안 꼰단냐'(aññāsi Koṇḍañña, 阿若憍
陳如)라고 번역하면 될 것입니다.

⑧ 규제(vinaya, 律)
규제라는 단어도 전문적인 쓰임새인 계율 혹은 법률로 이해하
고 번역하기보다는 언제 어디서든 기본적인 의미인 규제로 번
역해야 합니다. 그래야만 'ariya vinaya'라는 용어에 대해 '성자
의 율' 혹은 '고귀한 님의 법칙'과 같은 오역이 생기지 않습니다.
이 용어는 '성스러운 규제'라고 번역되어야 하고 깨달은 안목에
입각한 개념상의 제한을 말하려는 용어입니다.

⑨ 여래(tathāgata, 如來)
여래라고 한역되었고 '여여하게 오시는 분'이라고 풀이되는 용
어도 부처님께서 창조한 단어가 아니라 일반적으로 '한결같음'
이라는 뜻으로 쓰이던 단어입니다. 다만 부처님께서 당신의 별
칭으로 자칭하며 차용했을 뿐입니다. 차용한 이유는 부처님의
가르침은 깨달은 날부터 입적하시는 날까지 한결같기 때문이
고, 말과 행동이 한결같이 일치하기 때문이며, 인간이든 천상이
든 모든 존재에서 한결같이 최상의 지위를 갖기 때문이라고 직

접 밝히신 것에서 알 수 있습니다.(초디3-246)

한편, 외도들은 '한결같은 이'라는 단어를 영원불변하는 진아, 즉 아트만을 묘사하는 용어로도 사용했고 이것의 사후 존재 지속성에 대한 질문을 논쟁거리로 사용했습니다. 그것에 대한 무표명(avyākata, 無記)이 십무기(十無記)의 한 부분으로 다루어졌습니다. 격의법을 모르면 부처님의 사후를 묻는 질문으로 오해할 수 있습니다. 지금까지의 불교 설명이 이런 오해를 답습하고 있습니다.

⑩ 선서(sugata, 善逝)

선서도 '표준 치수'와 같이 일상적으로 쓰였던 단어를 부처님을 별칭하는 '표준이신 분'이라는 전문적인 의미로 격의된 단어입니다.(비급-142, 393) 부처님을 본보기(diṭṭha-anugati)라고 설명한 것에서 방증됩니다.(초맛1-204) 종래에 부처님의 명호로서 선서는 열반으로 '잘 가신 분'이라고 번역과 해석을 했지만 오역입니다. 부처님께서 살아 생전에 직접 본인에게 붙인 명칭인데 '잘 가신 분'이라고 칭하는 것은 경우에 맞지 않습니다.

이외에도 품행(sīla, 戒), 재계(uposatha, 布薩), 요청(pavāraṇā, 自恣), 가닥(sutta, 經), 작업(kamma, 業), 명상(jhāna, 禪), 포착(upādāna, 取), 부류(nikāya, 部) 등등의 중요한 불교 기본 용어들도 모두 격의법으로 접근해야 그 기본 개념이 명쾌하게 드러나

게 됩니다.

5. 공(suñña, 쑹)의 격의법

서두에서 말씀드렸듯이 공에 대한 개념의 변천을 알기 위해서
는 격의법을 알아야 하기에 주요 사례를 들어가며 설명했습니
다. 이제부터는, 공은 어떻게 격의법으로 쓰였는지 알아봐야 할
것입니다. 그러면 자연스레 공의 개념의 변천까지도 알 수 있을
것입니다.

　공을 순우리말로 번역하면 '비었음'이라고 할 수 있습니다.
그리고 비었음의 기본적인 뜻은 '특정 대상의 없어짐 혹은 부
재(不在)'를 뜻합니다. 쉽게 말해서 특정 대상을 자기 마음에서
지워낸다는 말입니다. 이것이 부처님께서 사용하신 공, 즉 비었
음의 가장 일반적이고 기본적인 뜻입니다. 그리고 이렇게 비었
음을 실현하는 행위가 suññata, 즉 '비움'입니다. 예컨대 말과
소가 있는 숲속에 앉아서 눈을 감고 마음속에 있는 말과 소를
지우며 비웠을 때 마음속에는 숲만이 남게 됩니다. 이럴 때 '마
소가 비었다.'라고 말합니다. 이것이 비었음의 일반적인 의미입
니다. 다만 이때의 숲은 비었음에 포함되지 않고 남아 있는 것
이 됩니다. 이렇게 비었음은 남아 있는 것을 포함하거나 상즉
(相卽)으로 있는 개념도 아닙니다. 이러한 것들은 본문의 번역

된 부분과 해설에서 차차 확인할 수 있을 것입니다.

한편, 비었음은 전문적이고도 궁극적으로 무아 즉 '자기 없음'을 의미합니다. 근본 경전에는 '부서지는 것으로, 빈 것으로, 자기가 없는 것으로'(palokato suññato anattato, 초상3-437, 초앙 2-306...)라는 정형구가 종종 등장하는데 이것은 비었음과 자기 없음이 동일한 내용임을 알려줍니다. 나아가 "자기나 자기 것이 비었기 때문에 빈 세상이라 합니다."(초상4-183)라는 부처님의 말씀에서는 자기라는 단어가 단순히 사람에게만 적용되는 것이 아니라 모든 존재에 적용되는 실체 개념임을 알 수 있습니다.

자기라는 단어가 인간 자신에게만 해당되고 그런 자기 자신이 없는 세상을 빈 세상이라고 말한다면 그저 유아적 세계관에 불과한 말일 것입니다. 더 나아가 '여섯 가지 내부 영역'(六內入處) 뿐만 아니라 '여섯 가지 외부 영역(六外入處)'도 '자기 없음'이라고 하는데(초상4-347), 이것도 일체 모두에 실체가 없음을 나타냅니다. 또한 '다섯 덩어리들'(五蘊)도 인간만을 나타내는 용어가 아니라 세상 모두를 나타내는 용어이므로 '다섯 덩어리들은 자기 없음이다.'라는 반복적인 정형구들도 인간뿐만 아니라 세상 모두에 실체 없음을 표현하는 것입니다.

인간에게만 실체가 없다면 인간의 내부 영역에서의 자기 없음만을 다루면 될 것입니다. 인간 각자의 내부에 없는 영혼 같은 실체가 외부에 있을 리 없기 때문에 외부는 굳이 다룰 필요가 없어집니다. 그러나 외부도 실체가 없는 것들이고 그런 것들은 당연히 자기 자신으로 삼을 수 없을 것이므로 다루어 준 것입니다.

또한 더 나아가 전문적인 의미에서 '구경의 위없는 비움'은 꺼짐의 경지와도 같아집니다. 그런데 꺼짐은 어떤 존재성도 허용되지 않기 때문에 비었음도 구경의 경지에 이르도록 '존재성의 박탈'이라는 개념을 유지합니다. 이러한 경지, 이러한 조건, 이러한 전문적인 문맥에서만 윤회도 없고, 선악도 없고, 그 과보도 없다고 해야 합니다. 그러지 않고 일반적인 의미와 전문적인 의미를 설명 없이 뒤섞어 놓으면 궤변을 양산하고 왜곡과 파멸을 가져올 것입니다.

본서에서는 이러한 격의법과 그 격의법을 간과했을 때의 부작용에 주목하면서 '비었음'을 밝혀나갈 것입니다. 그러므로 가닥(經)들과 해설을 읽을 때 '비었음'의 일반적인 의미와 전문적인 의미에 주의하고, 더 나아가 전문적인 의미에서 점점 차원이 깊어지는 의미의 스펙트럼을 파악해 보시길 바랍니다.

차 례

해설 약어

A   『Aṅguttara nikāya』

D   『Dīgha nikāya』

M   『Majjhima nikāya』

S   『Saṁyutta nikāya』

초디 『디가 니까야』(전3권, 각묵스님, 초기불전연구원, 2011)

초맛 『맛지마 니까야』(전3권, 대림스님, 초기불전 연구원, 2012)

초상 『상윳따 니까야』(전6권, 각묵스님, 초기불전연구원, 2009)

초앙 『앙굿따라 니까야』(전6권, 대림스님, 초기불전연구원, 2007)

초우 『우다나-우러나온 말씀』(각묵스님, 초기불전연구원, 2021)

초이 『이띠웃따까』(각묵스님, 초기불전연구원, 2020)

한디 『디가니까야』(전재성, 한국빠알리성전협회, 2011)

한맛 『맛지마니까야』(전재성, 한국빠알리성전협회, 2009)

한쌍 『쌍윳따니까야』(전7권, 전재성, 한국빠알리성전협회, 2007)

한앙 『앙굿따라니까야』(전9권, 전재성, 한국빠알리성전협회, 2007)

한법 『법구경-담마빠다』(전재성, 한국빠알리성전협회, 2012)

한숫 『숫타니파타』(전재성, 한국빠알리성전협회, 2013년 양장확장본)

한우 『우다나-감흥어린 시구』(전재성, 한국빠알리성전협회, 2009)

한이 『이띠붓따까-여시어경』(전재성, 한국빠알리성전협회, 2012)

한비 『비나야삐따까』(전재성, 한국빠알리성전협회, 2020)

大正 『大正新修大藏經』

아길 『아비담마 길라잡이』(대림·각묵, 초기불전연구원, 2002)

청론 『청정도론』(전3권, 대림, 초기불전연구원, 2004)

대끝 『대승은 끝났다』(시현, 불광출판사, 2018)

비급 『비구 급선무』(시현, 불광출판사, 2020)

※ S1-10은 PTS본 상윳따니까야 제1권 10페이지를 말한다. 같은 원리로, '초상1-10'은 초기불전연구원의 『상윳따 니까야』 제1권 10페이지를 말한다. 출처를 밝히는 다른 표기로 S1:3은 PTS본 상윳따니까야 제1주제 제3번 경을 말한다. 이 경 번호는 초기불전연구원을 따랐다. 다른 표기들도 이에 준한다.

일러두기

- PTS본을 저본으로 삼았습니다.
- 본서의 번역은 초기불전연구원의 『맛지마니까야』와 한국빠알리성전협회의 『맛지마니까야』를 많이 참조하며 번역했습니다. 문단 번호는 초기불전연구원을 따랐습니다.
- 직역을 원칙으로 경을 번역했습니다.
- 새로운 번역어들이 많아서 생소한 감이 있겠지만 말미에 '찾아보기 번역 대조'를 통해 기존 번역어들과 비교해 본다면 입체적인 이해에 도움이 될 것이라고 기대합니다.
- 주석은 몇 가지 이유로 각주가 아니라 미주 형식의 해설로 달았습니다. 첫째로, 저의 개인적인 견해를 부처님 말씀 바로 아래에 달기가 송구스러웠기 때문입니다. 둘째로, 가독성을 높여서 독경용으로도 사용하시길 바라는 마음 때문이었습니다. 셋째로, 독자분들께서 다른 견해에 영향을 받지 않고 먼저 스스로 내용을 음미하는 기회를 드리고 싶었기 때문입니다.
- 새로운 번역 용어들과 해설은 이미 졸저 『대승은 끝났다』와 『비구 급선무』에서 설명했기 때문에 겹치는 번거로움을 피하기 위해 본서에는 대략적인 설명만 했습니다. 하지만 좀 더

정확한 이해를 원하시는 분들을 위해서 두 출처들의 페이지를 밝혀 놓았으니 참고하시기 바랍니다.

작은 비움 가닥[1] (M121)

✦

1. 이와 같이 저에게 들렸습니다.[2] 한때 세존께서는 사왓티의 동쪽 원림에 있는 녹자모[3] 전당에 거처하십니다.[4]

2. 그때 아난다 존자는 해거름에 '따로 머물기'[5]에서 빠져나와 세존께 다가갑니다.[6] 다가가서는 세존께 '예경을 드리고'[7] 한쪽에 앉습니다. 한쪽에 앉은 후에 아난다 존자는 세존께 이렇게 말씀드립니다.

3. "대덕이시여, 세존께서는 한때 삭까에 있는 나가라까라는 삭까족의 고을에 거처하십니다. 대덕이시여, 거기에서 저에게 '아난다여, 나는 지금 '비움으로 거처하기로써'[8] 자주 거처합니다.'라고 세존으로부터 대면해서 들렸고 대면해서 받아들여졌

33

습니다. 대덕이시여, 그것이[9] 저에게 잘 들렸고, 잘 파악됐고, 잘 정신이 기울여졌고, 잘 받아지니게 된 것입니까?"

"아난다여, 확실히 그렇습니다. 그것은 그대에게 잘 들렸고, 잘 파악됐고, 잘 정신이 기울여졌고, 잘 받아지니게 되었습니다. 아난다여, 나는 전이나 지금이나 비움으로 거처하기로써 자주 거처합니다.

4· 아난다여, 예를 들면 이 녹자모 전당은 코끼리, 소, 말, 노새들이 비었고 '금덩이나 가공된 것'[10]도 비었고 장부와 여자의 모임도 비었으나 '비우지 않은'[11] 이것이 있습니다. 그중에서도[12] 비구 대중을 따라서 하나됨[13]입니다. 아난다여, 다만 이와 같이 진실로 비구가 마을이라고 인지함[14]에 정신을 기울이지 않고 인간이라고 인지함에 정신을 기울이지 않으며 숲이라고 인지함을 따라서 하나됨에 정신을 기울입니다. 그의 마음[15]은 숲이라고 인지함에 뛰어들고 확신하고 멈춰서고[16] 확고합니다. 그는 '마을이라고 인지함을 따라서 그 어떤 번거로운 것들이 여기에는 없다. 이것이라는 번거로움 정도가 있는데 그중에서도 숲이라고 인지함을 따라서 하나됨이다.'라고 알아차립니다. 그는 '이 인지 상태[17]는 마을이라고 인지함이 비었다.'라고 알아차리고, '이 인지 상태는 인간이라고 인지함이 비었다.'라고 알아차립니다. 그러나 '비우지 않은 이것이 있는데 그중에서도 숲이라

고 인지함을 따라서 하나됨이다.'라고.

이와 같기 때문에 그는 거기에서 없어진[18] 그것은 비었다고 '거듭거듭 알아봅니다'[19]. 하지만 거기에 남겨진 그것은 있게 되어서 '이 존재는 있다.'라고 알아차립니다. 아난다여, 이와 같이도 그에게 '생성된 대로'[20]이고 '왜곡이 없고'[21] 청정한[22] 이 비움으로 들어섬[23]이 생성됩니다.[24]

5. 아난다여, 다시 더 넘어서 비구가 인간이라고 인지함에 정신을 기울이지 않고 숲이라고 인지함에 정신을 기울이지 않으며 땅이라고 인지함을 따라서 하나됨에 정신을 기울입니다. 그의 마음은 땅이라고 인지함에 뛰어들고 확신하고 멈춰서고 확고합니다. 아난다여, 예를 들면 소가죽을 백 개의 못으로 잘 당겨서 주름을 없애듯이, 비구는 다만 그와 같이 땅에서 이랑과 고랑, 강과 골, 그루터기와 가시덤불, 산과 비탈, 그 모두에 정신을 기울이지 않고 땅이라고 인지함을 따라서 하나됨에 정신을 기울입니다. 그의 마음은 땅이라고 인지함에 뛰어들고 확신하고 멈춰서고 확고합니다.

그는 '인간이라고 인지함을 따라서 그 어떤 번거로운 것들이 여기에는 없다. 숲이라고 인지함을 따라서 그 어떤 번거로운 것들이 여기에는 없다. 이것이라는 번거로움 정도가 있는데 그중에서도 땅이라고 인지함을 따라서 하나됨이다.'라고 알아차립니다. 그는 '이 인지 상태는 인간이라고 인지함이 비었다.'라고 알아차리고, '이 인지 상태는 숲이라고 인지함이 비었다.'라고 알아차립니다. 그러나 '비우지 않은 이것이 있는데 그중에서도 땅이라고 인지함을 따라서 하나됨이다.'라고.

이와 같기 때문에 그는 거기에서 없어진 그것은 비었다고 거듭거듭 알아봅니다. 하지만 거기에 남겨진 그것은 있게 되어서 '이 존재는 있다.'라고 알아차립니다. 아난다여, 이와 같이도 그에게 생성된 대로이고 왜곡이 없고 청정한 이 비움으로 들어섬이 생성됩니다.

6. 아난다여, 다시 더 넘어서 비구가 숲이라고 인지함에 정신을 기울이지 않고 땅이라고 인지함에 정신을 기울이지 않으며 '무한허공의 영역'(空無邊處)이라고 인지함을 따라서 하나됨에 정신을 기울입니다. 그의 마음은 무한허공의 영역이라고 인지함에 뛰어들고 확신하고 멈춰서고 확고합니다.[25]

그는 '숲이라고 인지함을 따라서 그 어떤 번거로운 것들이 여기에는 없다. 땅이라고 인지함을 따라서 그 어떤 번거로운 것들이 여기에는 없다. 이것이라는 번거로움 정도가 있는데 그중에서도 무한허공의 영역이라고 인지함을 따라서 하나됨이다.'라고 알아차립니다. 그는 '이 인지 상태는 숲이라고 인지함이 비었다.'라고 알아차리고, '이 인지 상태는 땅이라고 인지함이 비었다.'라고 알아차립니다. 그러나 '비우지 않은 이것이 있는데 그중에서도 무한허공의 영역이라고 인지함을 따라서 하나됨이다.'라고.

이와 같기 때문에 그는 거기에서 없어진 그것은 비었다고 거듭거듭 알아봅니다. 하지만 거기에 남겨진 그것은 있게 되어서 '이 존재는 있다.'라고 알아차립니다. 아난다여, 이와 같이도 그에게 생성된 대로이고 왜곡이 없고 청정한 이 비움으로 들어섬이 생성됩니다.

7. 아난다여, 다시 더 넘어서 비구가 땅이라고 인지함에 정신을 기울이지 않고 무한허공의 영역이라고 인지함에 정신을 기울이지 않으며 '무한식별의 영역'(識無邊處)이라고 인지함을 따라서 하나됨에 정신을 기울입니다. 그의 마음은 무한식별의 영역이라고 인지함에 뛰어들고 확신하고 멈춰서고 확고합니다.

그는 '땅이라고 인지함을 따라서 그 어떤 번거로운 것들이 여기에는 없다. 무한허공의 영역이라고 인지함을 따라서 그 어떤 번거로운 것들이 여기에는 없다. 이것이라는 번거로움 정도가 있는데 그중에서도 무한식별의 영역이라고 인지함을 따라서 하나됨이다.'라고 알아차립니다. 그는 '이 인지 상태는 땅이라고 인지함이 비었다.'라고 알아차리고, '이 인지 상태는 무한허공의 영역이라고 인지함이 비었다.'라고 알아차립니다. 그러나 '비우지 않은 이것이 있는데 그중에서도 무한식별의 영역이라고 인지함을 따라서 하나됨이다.'라고.

이와 같기 때문에 그는 거기에서 없어진 그것은 비었다고 거듭거듭 알아봅니다. 하지만 거기에 남겨진 그것은 있게 되어서 '이 존재는 있다.'라고 알아차립니다. 아난다여, 이와 같이도 그에게 생성된 대로이고 왜곡이 없고 청정한 이 비움으로 들어섬이 생성됩니다.

8. 아난다여, 다시 더 넘어서 비구가 무한허공의 영역이라고 인지함에 정신을 기울이지 않고 무한식별의 영역이라고 인지함에 정신을 기울이지 않으며 '아무것도 없는 영역'(無所有處)이라고 인지함을 따라서 하나됨에 정신을 기울입니다. 그의 마음은 아무것도 없는 영역이라고 인지함에 뛰어들고 확신하고 멈춰서고 확고합니다.

그는 '무한허공의 영역이라고 인지함을 따라서 그 어떤 번거로운 것들이 여기에는 없다. 무한식별의 영역이라고 인지함을 따라서 그 어떤 번거로운 것들이 여기에는 없다. 이것이라는 번거로움 정도가 있는데 그중에서도 아무것도 없는 영역이라고 인지함을 따라서 하나됨이다.'라고 알아차립니다. 그는 '이 인지 상태는 무한허공의 영역이라고 인지함이 비었다.'라고 알아차리고, '이 인지 상태는 무한식별의 영역이라고 인지함이 비었다.'라고 알아차립니다. 그러나 '비우지 않은 이것이 있는데 그 중에서도 아무것도 없는 영역이라고 인지함을 따라서 하나됨이다.'라고.

이와 같기 때문에 그는 거기에서 없어진 그것은 비었다고 거듭거듭 알아봅니다. 하지만 거기에 남겨진 그것은 있게 되어서 '이 존재는 있다.'라고 알아차립니다. 아난다여, 이와 같이도 그에게 생성된 대로이고 왜곡이 없고 청정한 이 비움으로 들어섬이 생성됩니다.

9. 아난다여, 다시 더 넘어서 비구가 무한식별의 영역이라고 인지함에 정신을 기울이지 않고 아무것도 없는 영역이라고 인지함에 정신을 기울이지 않으며 '인지가 있지도 없지도 않은 영역'(非想非非想處)이라고 인지함을 따라서 하나됨에 정신을 기울입니다. 그의 마음은 인지가 있지도 없지도 않은 영역이라고 인지함에 뛰어들고 확신하고 멈춰서고 확고합니다.

그는 '무한식별의 영역이라고 인지함을 따라서 그 어떤 번거로운 것들이 여기에는 없다. 아무것도 없는 영역이라고 인지함을 따라서 그 어떤 번거로운 것들이 여기에는 없다. 이것이라는 번거로움 정도가 있는데 그중에서도 인지가 있지도 없지도 않은 영역이라고 인지함을 따라서 하나됨이다.'라고 알아차립니다. 그는 '이 인지 상태는 무한식별의 영역이라고 인지함이 비

39

었다.'라고 알아차리고, '이 인지 상태는 아무것도 없는 영역이라고 인지함이 비었다.'라고 알아차립니다. 그러나 '비우지 않은 이것이 있는데 그중에서도 인지가 있지도 없지도 않은 영역이라고 인지함을 따라서 하나됨이다.'라고.

　이와 같기 때문에 그는 거기에서 없어진 그것은 비었다고 거듭거듭 알아봅니다. 하지만 거기에 남겨진 그것은 있게 되어서 '이 존재는 있다.'라고 알아차립니다. 아난다여, 이와 같이도 그에게 생성된 대로이고 왜곡이 없고 청정한 이 비움으로 들어섬이 생성됩니다.

10. 아난다여, 다시 더 넘어서 비구가 아무것도 없는 영역이라고 인지함에 정신을 기울이지 않고 인지가 있지도 없지도 않은 영역이라고 인지함에 정신을 기울이지 않으며 '인상 없는 마음의 고정됨'(無相心三昧)을 따라서 하나됨에 정신을 기울입니다. 그의 마음은 인상 없는 마음의 고정됨에 뛰어들고 확신하고 멈춰서고 확고합니다.

　그는 '무한식별의 영역이라고 인지함을 따라서 그 어떤 번거로운 것들이 여기에는 없다. 아무것도 없는 영역이라고 인지함을 따라서 그 어떤 번거로운 것들이 여기에는 없다. 이것이라는 번거로움 정도가 있는데 그중에서도 살아감[26]의 연유로 단지 이 몸을 따라서 '여섯 영역에 관계되는 것'[27]이다.'라고 알아차립니다. 그는 '이 인지 상태는 아무것도 없는 영역이라고 인지함이 비었다.'라고 알아차리고, '이 인지 상태는 인지가 있지도 없지도 않은 영역이라고 인지함이 비었다.'라고 알아차립니다. 그러나 '비우지 않은 이것이 있는데 그중에서도 살아감을 연유로 단지 이 몸을 따라서 여섯 영역에 관계되는 것이다.'라고.

이와 같기 때문에 그는 거기에서 없어진 그것은 비었다고 거듭거듭 알아봅니다. 하지만 거기에 남겨진 그것은 있게 되어서 '이 존재는 있다.'라고 알아차립니다. 아난다여, 이와 같이도 그에게 생성된 대로이고 왜곡이 없고 청정한 이 비움으로 들어섬이 생성됩니다.

11. 아난다여, 다시 더 넘어서 비구가 아무것도 없는 영역이라고 인지함에 정신을 기울이지 않고 인지가 있지도 없지도 않은 영역이라고 인지함에 정신을 기울이지 않으며 인상 없는 마음의 고정됨을 따라서 하나됨에 정신을 기울입니다. 그의 마음은 인상 없는 마음의 고정됨에 뛰어들고 확신하고 멈춰서고 확고합니다.

그는 '실로 이 인상 없는 마음의 고정됨도 형성시킨 것이고 의도된 것이다. 더 나아가 형성시키고 의도된 것은 어떤 것이든 그것은 무상하고 소멸하는 법이다.'라고 알아차립니다. 그가 이와 같이 알고 이와 같이 알아보기 때문에 그는 '욕망의 유입'[28](慾漏)으로부터도 마음이 풀려나고[29] '생성됨의 유입'(有漏)으로부터도 마음이 풀려나며 '깜깜모름의 유입'(無明漏)으로부터도 마음이 풀려납니다. 풀려났을 때 풀려났다는 앎이 있게 됩니다. '태어남은 멸진되었다. 신성한 실천을 해 마쳤다. 할 일을 해냈다. 다시는 이러한 상태로 되지 않는다.'라고 알아차립니다.

12. 그는 '욕망의 유입을 따라서 그 어떤 번거로운 것들이 여기에는 없다. 생성됨의 유입을 따라서 그 어떤 번거로운 것들이 여기에는 없다. 깜깜모름의 유입을 따라서 그 어떤 번거로운 것들이 여기에는 없다. 이것이라는 번거로움 정도가 있는데 그중에서도 살아감을 연유로 단지 이 몸을 따라서 여섯 영역에 관계된 것이다.'라고 알아차립니다.[30] 그는 '이 인지 상태는 욕망의 유입이 비었다.'라고 알아차리고, '이 인지 상태는 생성됨의 유입이 비었다.'라고 알아차리며 '이 인지 상태는 깜깜모름의 유입이 비었다.'라고 알아차립니다. 그러나 '비우지 않은 이것이 있는데 그중에서도 살아감을 연유로 단지 이 몸을 따라서 여섯 영역에 관계되는 것이다.'라고.

　이와 같기 때문에 그는 거기에서 없어진 그것은 비었다고 거듭거듭 알아봅니다. 하지만 거기에 남겨진 그것은 있게 되어서 '이 존재는 있다.'라고 알아차립니다. 아난다여, 이와 같이도 그에게 생성된 대로이고 왜곡이 없고 청정한 이 비움으로 들어섬이 생성됩니다.

13. 아난다여, 과거세의 어떠한 출가수행자들[31]이거나 신성인들이거나 청정한 구경의 위없는 비움에 들어가 거처했다면[32] 그들 모두는 단지 이 청정한 구경의 위없는 비움에 들어가 거처한 것입니다. 아난다여, 미래세의 어떠한 출가수행자들이거나 신성인들이거나 청정한 구경의 위없는 비움에 들어가 거처한다면 그들 모두는 단지 이 청정한 구경의 위없는 비움에 들어가 거처할 것입니다. 아난다여, 지금의 어떠한 출가수행자들이거나 신성인들이거나 청정한 구경의 위없는 비움에 들어가 거처한다면 그들 모두는 단지 이 청정한 구경의 위없는 비움에 들어가 거처하는 것입니다. 아난다여, 그러므로 그대들은 이제 '나는 청정한 구경의 위없는 비움에 들어가 거처하리라.'라고 공부해야 합니다."

　이것을 세존께서 말씀하시자 아난다 존자는 흐뭇해져서 세존께서 설하신 것을 반겼습니다.

　　　　　• 첫 번째, 『작은 비움 가닥』이 끝났다.[33]

큰 비움 가닥 ^(M122)

✦

1. 이와 같이 저에게 들렸습니다. 한때 세존께서는 삭까의 까삘라왓투에 있는 니그로다 원림에 거처하십니다.

2. 그때 세존께서는 아침나절에 '아래옷을 여미고 나서'[34] 그릇[35]과 의류[36]를 지니고 '음식 덩이를 위해'[37] 까삘라왓투에 들어가십니다. 까삘라왓투에서 음식 덩이를 위해 다니시고서 '뒤의 공양'[38]으로 제공된 음식 덩이에서 물러나시어 낮 동안의 거처를 위해 석가족인 깔라케마까의 거처로 다가가십니다.

한편[39] 그 시기에 석가족인 깔라케마까의 거처에는 많은 처소가 제시되어[40] 있었습니다. 세존께서는 석가족인 깔라케마까의 거처에 많은 처소가 제시되어 있다는 것을 보셨습니다. 보시고는 세존께 이런 생각이 드셨습니다.

'석가족인 깔라케마까의 거처에는 실로 많은 처소가 제시되어 있구나. 여기에는 실로 많은 비구들이 거처하는가?'라고.

한편 그 시기에 아난다 존자는 많은 비구들과 더불어 석가족인 가따가의 거처에서 '의류 작업'[41]을 합니다. 그때 실로 세존께서는 저녁나절에 따로 머물기에서 빠져나와 석가족인 가따가의 거처로 다가가십니다. 다가가서는 제시된 자리에 앉으십니다. 앉으신 후에 아난다 존자를 청하십니다.[42]

"아난다여, 석가족인 깔라케마까의 거처에는 실로 많은 처소가 제시되어 있습니다. 거기에는 실로 많은 비구들이 거처합니까?"

"대덕이시여, 석가족인 깔라케마까의 거처에는 실로 많은 처소가 제시되어 있습니다. 거기에는 실로 많은 비구들이 거처합니다. 대덕이시여, 저희들에게는 의류 만드는 시기가 진행되고 있습니다."

3. "아난다여, 실로 '모임에 관계된 것'[43]을 좋아하고 모임에 관계된 것을 즐기고 모임에 관계된 것을 좋아함에 잇따라 묶이고, 집단[44]을 좋아하고 집단을 즐기며 집단을 기꺼워하는 비구는 빛나지 않습니다. 아난다여, 실로 모임에 관계된 것을 좋아하고 모임에 관계된 것을 즐기고 모임에 관계된 것을 좋아함에 잇따라 묶이고, 집단을 좋아하고 집단을 즐기며 집단을 기꺼워

하면서 '초탈함의 즐거움'[45]과 '멀리 떨어지기의 즐거움'과 '적정의 즐거움'과 '같은 깨달음의 즐거움'을 바라는 대로 얻고, 힘들지 않게 얻고, 어렵지 않게 얻는 경우는 분명히 있을 수 없습니다. 그러나 아난다여, 그 비구가 집단으로부터 멀리 떨어져 나와서 혼자 거처할 때 '초탈함의 즐거움'과 '멀리 떨어지기의 즐거움'과 '적정의 즐거움'과 '같은 깨달음의 즐거움'을 바라는 대로 얻고, 힘들지 않게 얻고, 어렵지 않게 얻으리라고 그 비구가 기대한다면 그런 경우는 분명히 있을 수 있습니다.

4. 아난다여, 참으로 모임에 관계된 것을 좋아하고 모임에 관계된 것을 즐기고 모임에 관계된 것을 좋아함에 잇따라 묶이고, 집단을 좋아하고 집단을 즐기며 집단을 기꺼워하는 그 비구가 '일시적이면서 잠잠한 마음의 풀려남'[46]이나 일시적이지 않으면서 부동한 마음의 풀려남에 들어가 거처할 것이라는 경우는 분명히 있을 수 없습니다. 그러나 아난다여, 실로 그 비구가 집단으로부터 격리되어 혼자 거처할 때 일시적이면서 잠잠한 마음의 풀려남이나 일시적이지 않으면서 부동한 마음의 풀려남에 들어가 거처할 것이라는 경우는 분명히 있을 수 있습니다.

5. 아난다여, 방해물(色)은 다른 상태로 변질되기 때문에 거기에서 즐기고 환희하는 대로 슬픔, 탄식, 괴로움, 근심, 절망이

생겨나지 않는 단 하나의 방해물도 나는 거듭거듭 알아보지 못합니다.

6. 그러나 아난다여, 한결같은 이는 이 거처를 확연히 깨달았는데, 그중에서도 모든 인상들에 정신을 기울이지 않기 때문에 안으로 비움에 들어가 거처하는 것입니다. 아난다여, 만일 한결같은 이가 이러한 거처로써 거처하는 것을 생성하는데 비구, 비구니, 남신도, 여신도, 왕, 왕의 대신, 이교도, 이교도의 직제자들이[47] 다가온다면 아난다여, 한결같은 이는 다만 마음을 떨어짐으로 기울게 하고 떨어짐으로 지향하고 떨어짐에 치중하며, 독립하고 초탈함에 환희하여 모든 면에서 유입의 경우인 법들을 종식하는 것으로써 여지없이 물리치는 것과 관련된 것에 낱낱이 상응하는 것만을 이야기해 나갑니다.

7. 그러므로 아난다여, 만일 또 비구가 안으로 비움에 들어가 거처하기를 바란다면 아난다여, 그 비구는 안으로 마음을 멈춰 세우고 가라앉히며 일정하게 고정해야 합니다. 아난다여, 그렇다면 비구가 어떻게 안으로 마음을 멈춰세우고 가라앉히며 일정하게 고정해야 하겠습니까?

8. 아난다여, 여기에서 비구는 욕망으로부터 아예 떨어지고

안 좋은 법들로부터 떨어져서, 떠올리기와 살펴보기를 지니며, 떨어짐에서 생긴 희열과 즐거움이 있는 첫 번째 명상에 들어서 거처합니다. 떠올리기와 살펴보기가 그쳐서 안으로 확실하며 마음이 일정한 상태가 됩니다. 떠올리기와 살펴보기가 없으며 고정됨에서 생긴 희열과 즐거움이 있는 두 번째 명상에 들어서 거처합니다. 희열이 퇴색해져서 한결 담담하게 거처하는데, 상기하며 바로 알아차리면서 몸으로 즐거움을 낱낱이 느낍니다. 이렇게 '한결 담담하게 상기하면서 즐겁게 거처한다.'라고 성자들이 설명하는 세 번째 명상에 들어서 거처합니다. 즐거움도 제거했고 괴로움도 제거했으며, 그 전에 이미 기쁨과 근심도 사라졌으므로 괴로움도 없고 즐거움도 없이, 담담하게 상기하는 청정한 네 번째 명상에 들어서 거처합니다. 아난다여, 비구는 실로 이와 같이 안으로 마음을 멈춰세우고 가라앉히며 일정하게 고정합니다.

9. 그는 안으로 비움에 정신을 기울입니다. 아난다여, 그가 안으로 비움에 정신을 기울이는데, 마음이 비움에 뛰어들지 못하고 확신하지 못하고 멈춰서지 못하고 풀려나지 못합니다. 이와 같이 그런 일이 있다면 비구는 이와 같이 알아차립니다. '내가 안으로 비움에 정신을 기울이는데, 마음이 비움에 뛰어들지 못하고 확신하지 못하고 멈춰서지 못하고 풀려나지 못한다.'라고.

이렇게 그는 거기에서 '바로 알아차리게'[48] 됩니다.

그는 밖으로 비움에 정신을 기울입니다. 아난다여, 그가 밖으로 비움에 정신을 기울이는데, 마음이 비움에 뛰어들지 못하고 확신하지 못하고 멈춰서지 못하고 풀려나지 못합니다. 이것이 이와 같이 있다면 비구는 이와 같이 알아차립니다. '내가 밖으로 비움에 정신을 기울이는데, 마음이 비움에 뛰어들지 못하고 확신하지 못하고 멈춰서지 못하고 풀려나지 못한다.'라고. 이렇게 그는 거기에서 바로 알아차리게 됩니다.

그는 안팎으로 비움에 정신을 기울입니다. 아난다여, 그가 안팎으로 비움에 정신을 기울이는데, 마음이 비움에 뛰어들지 못하고 확신하지 못하고 멈춰서지 못하고 풀려나지 못합니다. 이와 같이 그런 일이 있다면 비구는 이와 같이 알아차립니다. '내가 안팎으로 비움에 정신을 기울이는데, 마음이 비움에 뛰어들지 못하고 확신하지 못하고 멈춰서지 못하고 풀려나지 못한다.'라고. 이렇게 그는 거기에서 바로 알아차리게 됩니다.

그는 흔들림 없음에 정신을 기울입니다. 아난다여, 그가 흔들림 없음에 정신을 기울이는데, 마음이 흔들림 없음에 뛰어들지 못하고 확신하지 못하고 멈춰서지 못하고 풀려나지 못합니다. 이와 같이 그런 일이 있다면 비구는 이와 같이 알아차립니다. '내가 흔들림 없음에 정신을 기울이는데, 마음이 흔들림 없음에 뛰어들지 못하고 확신하지 못하고 멈춰서지 못하고 풀려나지 못한다.'라고. 이렇게 그는 거기에서 바로 알아차리게 됩니다.

10. 아난다여, 그렇다면 비구는 단지 그 원래의 고정됨의 인상에 안으로만 마음을 멈춰세우고 가라앉히고 일정하게 하고 고정해야 합니다.

그는 안으로 비움에 정신을 기울입니다. 아난다여, 그가 안으로 비움에 정신을 기울이는데, 마음이 비움에 뛰어들고 확신하고 멈춰서고 풀려납니다. 이와 같이 그런 일이 있다면 비구는 이와 같이 알아차립니다. '내가 안으로 비움에 정신을 기울이는데, 마음이 비움에 뛰어들고 확신하고 멈춰서고 풀려난다.'라고. 이렇게 그는 거기에서 바로 알아차리게 됩니다.

그는 밖으로 비움에 정신을 기울입니다. 아난다여, 그가 밖으로 비움에 정신을 기울이는데, 마음이 비움에 뛰어들고 확신하고 멈춰서고 풀려납니다. 이와 같이 그런 일이 있다면 비구는 이와 같이 알아차립니다. '내가 밖으로 비움에 정신을 기울이는데, 마음이 비움에 뛰어들고 확신하고 멈춰서고 풀려난다.'라고. 이렇게 그는 거기에서 바로 알아차리게 됩니다.

그는 안팎으로 비움에 정신을 기울입니다. 아난다여, 그가 안팎으로 비움에 정신을 기울이는데, 마음이 비움에 뛰어들고 확신하고 멈춰서고 풀려납니다. 이와 같이 그런 일이 있다면 비구는 이와 같이 알아차립니다. '내가 안팎으로 비움에 정신을 기울이는데, 마음이 비움에 뛰어들고 확신하고 멈춰서고 풀려난다.'라고. 이렇게 그는 거기에서 바로 알아차리게 됩니다.

그는 흔들림 없음에 정신을 기울입니다. 아난다여, 그가 흔들림 없음에 정신을 기울이는데, 마음이 흔들림 없음에 뛰어들고 확신하고 멈춰서고 풀려납니다. 이와 같이 그런 일이 있다면 비구는 이와 같이 알아차립니다. '내가 흔들림 없음에 정신을 기울이는데, 마음이 흔들림 없음에 뛰어들고 확신하고 멈춰서고 풀려난다.'라고. 이렇게 그는 거기에서 바로 알아차리게 됩니다.

II. 아난다여, 그 비구가 이러한 거처로 거처할 때 만일 마음이 걷기로 기운다면 그는 '이와 같이 내가 걸을 때 욕심과 근심과 같은 나쁘고 안 좋은 법들이 잇따라 유입되지 않을 것이다.'라면서 걷습니다. 이렇게 그는 거기에서 바로 알아차리게 됩니다.

아난다여, 그 비구가 이러한 거처로 거처할 때 만일 마음이 서는 것으로 기운다면 그는 '이와 같이 내가 섰을 때 욕심과 근심과 같은 나쁘고 안 좋은 법들이 잇따라 유입되지 않을 것이다.'라면서 섭니다. 이렇게 그는 거기에서 바로 알아차리게 됩니다.

아난다여, 그 비구가 이러한 거처로 거처할 때 만일 마음이 앉는 것으로 기운다면 그는 '이와 같이 내가 앉았을 때 욕심과 근심과 같은 나쁘고 안 좋은 법들이 잇따라 유입되지 않을 것이다.'라면서 앉습니다. 이렇게 그는 거기에서 바로 알아차리게 됩니다.

아난다여, 그 비구가 이러한 거처로 거처할 때 만일 마음이 눕는 것으로 기운다면 그는 '이와 같이 내가 누울 때 욕심과 근심과 같은 나쁘고 안 좋은 법들이 잇따라 유입되지 않을 것이다.'라면서 눕습니다. 이렇게 그는 거기에서 바로 알아차리게 됩니다.

12. 아난다여, 그 비구가 이러한 거처로 거처할 때 만일 마음이 이야기로 기운다면 그는 '하열한 것이고 마을 일이고 범부의 일이며 성스럽지 않고 의미가 없는 이런 이야기는 정떨어짐으로, 퇴색함으로, 소멸로, 적정으로, 뛰어난 앎으로, 같은 깨달음으로, 꺼짐으로 이끌어 가지 않는다. 예컨대 왕 이야기, 강도 이야기, 대신들 이야기, 군대 이야기, 무서운 이야기, 전쟁 이야기, 먹을 것 이야기, 마실 것 이야기, 옷 이야기, 침대 이야기, 꽃다발 이야기, 향 이야기, 친족 이야기, 탈것 이야기, 마을 이야기, 고을 이야기, 도시 이야기, 지방 이야기, 여자 이야기, 영웅 이야기, 거리 이야기, 우물 이야기, 옛날 귀신 이야기, 잡다한 이야기, 세상 이야기, 바다 이야기, 어떤 것이 생성되거나 생성되지

않는다는 이야기 등등이다. 나는 이런 식의 이야기를 하지 않을 것이다.'라고 이렇게 거기에서 바로 알아차리게 됩니다.

아난다여, 그런데 실로 엄격하고 마음을 여는 데 적합한 이러한 이야기는 전적인 정떨어짐으로, 퇴색함으로, 소멸로, 적정으로, 뛰어난 앎으로, 같은 깨달음으로, 꺼짐으로 이끌어 갑니다. 예컨대 소욕에 대한 이야기, 지족에 대한 이야기, 교제하지 않는다는 이야기, 정진을 격발하는[49] 이야기, 품행[50]에 대한 이야기, 고정됨에 대한 이야기, 알아차림에 대한 이야기, 풀려남에 대한 이야기, 풀려남의 앎과 봄에 대한 이야기라는 것입니다. '나는 이런 식의 이야기를 할 것이다.'라고 이렇게 거기에서 바로 알아차리게 됩니다.

13. 아난다여, 그 비구가 이러한 거처로 거처할 때 만일 마음이 떠올림으로 기운다면 그는 '하열한 것이고 마을 일이고 범부의 일이며 성스럽지 않고 의미가 없는 이런 떠올림은 정떨어짐으로, 퇴색함으로, 소멸로, 적정으로, 뛰어난 앎으로, 같은 깨달음으로, 꺼짐으로 이끌어 가지 않는다. 예컨대 욕망에 대한 떠올림, 언짢음에 대한 떠올림, 해침에 대한 떠올림이다. 나는 이런 식의 떠올림에 대해 떠올리지 않을 것이다.'라고 이렇게 거기에서 바로 알아차리게 됩니다.

아난다여, 그런데 실로 이러한 떠올림은 성스럽고 여읨과 관계된 것이니, 그것을 짓는다면 바른 괴로움의 멸진으로 이끌어집니다. 예컨대 초탈함에 대한 떠올림, 언짢지 않음에 대한 떠올림, 해치지 않음에 대한 떠올림입니다. '나는 이런 식의 떠올림에 대해 떠올릴 것이다.'라고 이렇게 거기에서 바로 알아차리게 됩니다.

14. 아난다여, 이러한 다섯 가지 욕망의 성분[51]들이 있습니다. 무엇이 다섯 가지이겠습니까?

눈으로[52] 식별될 방해물들은 바라던 바이고 욕망한 것이고 흡족하고 사랑스러우며 욕망을 가져오고 물들게 됩니다. 귀로 식별될 소리들은 바라던 바이고 욕망한 것이고 흡족하고 사랑스러우며 욕망을 가져오고 물들게 됩니다. 코로 식별될 냄새들은 바라던 바이고 욕망한 것이고 흡족하고 사랑스러우며 욕망을 가져오고 물들게 됩니다. 혀로 식별될 맛들은 바라던 바이고 욕망한 것이고 흡족하고 사랑스러우며 욕망을 가져오고 물들게 됩니다. 몸으로 식별될 촉경들은 바라던 바이고 욕망한 것이고 흡족하고 사랑스러우며 욕망을 가져오고 물들게 됩니다.

아난다여, 이것들이 다섯 가지 욕망의 성분들입니다.

15. 여기에서 비구는 매순간 '혹시 나에게 실로 이 다섯 가지 욕망의 성분들 가운데 어느 하나의 영역에서[53] 마음의 들썩거림[54]

이 생겨나고 있지 않은가?'라고 자신의 마음을 비춰보아야[55] 합니다. 아난다여, 만일 비구가 비춰보고 있는데 이와 같이 그런 일이 있어서, '나에게 실로 이 다섯 가지 욕망의 성분들 가운데 어느 하나의 영역에서 마음의 들썽거림이 생겨나고 있다.'라고 알아차린다면 아난다여, 비구는 '나에게 실로 이 다섯 가지 욕망의 성분들에 대한 '욕구와 애착'[56], 그것이 제거되지 않았다.'라고 알아차립니다. 이렇게 그는 거기에서 바로 알아차리게 됩니다.

아난다여, 만일 비구가 비춰보고 있는데 이와 같이 그런 일이 있어서, '나에게 실로 이 다섯 가지 욕망의 성분들 가운데 어느 하나의 영역에서 마음의 들썽거림이 생겨나고 있지 않다.'라고 알아차린다면 아난다여, 비구는 '나에게 실로 이 다섯 가지 욕망의 성분들에 대한 욕구와 애착, 그것이 제거되었다.'라고 알아차립니다. 이렇게 그는 거기에서 바로 알아차리게 됩니다.

16. 아난다여, '다섯 가지 포착 덩어리들'(五取蘊)이 있는데, 비구는 여기에서 일어나고 사라지는 것을 잇따라 알아보면서 거처해야 합니다. '방해물이라는 것이구나. 방해물의 같이 일어남이라는 것이구나. 방해물의 스러짐[57]이라는 것이구나. 느낌이라는 것이구나. 느낌의 같이 일어남이라는 것이구나. 느낌의 스러짐이라는 것이구나. 인지라는 것이구나. 인지의 같이 일어남

이라는 것이구나. 인지의 스러짐이라는 것이구나. 형성작용이라는 것이구나. 형성작용의 같이 일어남이라는 것이구나. 형성작용의 스러짐이라는 것이구나. 식별이라는 것이구나. 식별의 같이 일어남이라는 것이구나. 식별의 스러짐이라는 것이구나.' 라고.

17. 그가 이러한 다섯 가지 포착 덩어리들에 대해 일어나고 스러지는 것을 잇따라 알아봄으로써 다섯 가지 포착 덩어리들에 대해 '나다'라는 착각[58]이 제거됩니다. 이와 같이 그런 일이 있을 때 아난다여, 비구는 '다섯 가지 포착 덩어리들에 대해 '나다'라는 착각이 나에게서 제거되었다.'라고 알아차립니다. 이렇게 그는 거기에서 바로 알아차리게 됩니다.

18. 아난다여, 이러한 그 법들은 전적으로 좋은 것이고 좋은 것을 도래하게 하며 성스럽고 출세간적이고 사악한 마구니가 들어서지 못합니다.

19. 아난다여, 이를 어떻게 생각합니까? 어떤 이유를 보여주는 것이 직제자는 쫓아내더라도 교주에 달라붙는다는 것과 '동등한 가치가 있겠습니까'[59]?"

"대덕이시여, 저희들의 법은 세존을 근본으로 하고 세존을 인도자로 하며 세존을 귀결처로 합니다. 대덕이시여, 참으로 잘 되었습니다. 세존께서 설하신 그 뜻을 표현해 주십시오. 비구들은 세존으로부터 듣고서 받아지니겠습니다."

20. "아난다여, 예컨대 가닥(經), 응송(應頌), 표명(授記)이 원인이라는 것은 교주에 달라붙어야 하는 것과 동등한 가치가 없습니다. 무슨 원인으로 그렇겠습니까? 아난다여, 그대들은 오랜 세월 법들이 들려졌고, 받아지니게 되었고, 말로 숙고되었고, 정신으로 잇따라 고찰되었고, 견해로 잘 통찰되었기 때문입니다. 아난다여, 그런데 실로 이러한 이야기는 잘라내며 마음을 여는 데 적합하고, 전적인 정떨어짐으로, 퇴색함으로, 소멸로, 적정으로, 뛰어난 앎으로, 같은 깨달음으로, 꺼짐으로 이끌어 갑니다. 예컨대 소욕에 대한 이야기, 지족에 대한 이야기, 교제하지 않는다는 이야기, 정진에 애쓰는 이야기, 품행에 대한 이야기, 고정됨에 대한 이야기, 알아차림에 대한 이야기, 풀려남에 대한 이야기, 풀려남의 앎과 봄에 대한 이야기라는 것입니다. 아난다여, 실로 이런 식의 이야기를 원인으로 하는 것이, 직제자는 쫓아내더라도 교주에 달라붙는다는 것과 동등한 가치가 있겠습니다.

21. 아난다여, 이렇게 있을 때 스승으로의 침해[60]가 있게 되고, 이렇게 있을 때 내제자(內弟子)[61]로의 침해가 있게 되고, 이렇게 있을 때 신성한 실천자로의 침해가 있게 됩니다.

22. 아난다여, 어떻게 스승으로의 침해가 있게 되겠습니까?

아난다여, 여기 어떤 교주는 숲속이나 나무 밑이나 산악이나 협곡이나 산굴이나 묘지나 숲 변두리나 노지나 짚더미와 같은 떨어진[62] 처소를 제공받습니다. 그가 그대로 격리되어 거처하는데 고을뿐만 아니라 지방에서 신성인이나 거사들이 찾아옵니다. 고을뿐만 아니라 지방에서 신성인이나 거사들이 찾아올 때에 그는 얼빠지게 되고 탐욕을 초래하고 풍족함으로 이어집니다. 아난다여, 이것을 침해된 스승이라고 말합니다. 스승으로의 침해에 의해서 오염됨과 관계되고, 또다시 생성됨과 관계되고, 고민되고, 괴로운 과보들이고, 미래에 태어남과 늙고 죽음들인 나쁘고 안 좋은 법들이 그를 망칩니다. 아난다여, 실로 이와 같이 스승으로의 침해가 있게 됩니다.

23. 아난다여, 어떻게 내제자로의 침해가 있게 되겠습니까?

아난다여, 한편 그 교주의 직제자는 그 교주의 떨어지기를 계승하여, 숲속이나 나무 밑이나 산악이나 협곡이나 산굴이나 묘지나 숲 변두리나 노지나 짚더미와 같은 떨어진 처소를 제공받습니다. 그가 그대로 격리되어 거처하는데 고을뿐만 아니라 지방에서 신성인이나 거사들이 찾아옵니다. 고을뿐만 아니라 지방에서 신성인이나 거사들이 찾아올 때에 그는 얼빠지게 되고 탐욕을 초래하고 풍족함으로 이어집니다. 아난다여, 이것을 침해된 내제자라고 말합니다. 내제자로의 침해에 의해서 오염됨과 관계되고, 또다시 생성됨과 관계되고, 고민되고, 괴로운 과보들이고, 미래에 태어남과 늙고 죽음들인 나쁘고 안 좋은 법들이 그를 망칩니다. 아난다여, 실로 이와 같이 내제자로의 침해가 있게 됩니다.

24. 아난다여, 어떻게 신성한 실천자로의 침해가 있게 되겠습니까?

아난다여, 여기 이 세상에 동격자, 바르며 같은 깨달음을 이룬 이, 훤히 앎과 실행을 구족한 이, 표준인, 세상을 통달한 이, 위없는 이, 장부를 길들이는 제어자, 신과 인간의 교주, 깨달은 이, 존귀한 이인 한결같은 이가 출현합니다. 그는 숲속이나 나무 밑이나 산악이나 협곡이나 산굴이나 묘지나 숲 변두리나 노지나 짚더미와 같은 떨어진 처소를 제공받습니다. 그가 그대로 격리되어 거처하는데 고을뿐만 아니라 지방에서 신성인이나 거사들이 찾아옵니다. 고을뿐만 아니라 지방에서 신성인이나 거사들이 찾아올 때에 그는 얼빠지지 않고 탐욕을 초래하지 않고 풍족함으로 이어지지 않습니다.

아난다여, 한편 그 교주의 직제자는 그 교주의 떨어지기를 계승하여, 숲속이나 나무 밑이나 산악이나 협곡이나 산굴이나 묘지나 숲 변두리나 노지나 짚더미와 같은 떨어진 처소를 제공 받습니다. 그가 그대로 격리되어 거처하는데 고을뿐만 아니라 지방에서 신성인이나 거사들이 찾아옵니다. 고을뿐만 아니라 지방에서 신성인이나 거사들이 찾아올 때에 그는 얼빠지게 되고 탐욕을 초래하고 풍족함으로 이어집니다. 아난다여, 이것을 침해된 신성한 실천자라고 말합니다. 신성한 실천자로의 침해에 의해서 오염됨과 관계되고, 또다시 생성됨과 관계되고, 고민되고, 괴로운 과보들이고, 미래에 태어남과 늙고 죽음들인 나쁘고 안 좋은 법들이 그를 망칩니다. 아난다여, 실로 이와 같이 신성한 실천자로의 침해가 있게 됩니다.

아난다여, 거기 이 스승으로의 침해뿐만 아니라 내제자로의 침해에서 이들보다 이 신성한 실천자는 더 괴로운 과보뿐만 아니라 더 격심한 과보도 있고 더욱더 악처로 진행됩니다.

25. 아난다여, 그러므로 그대들은 나와 친구의 서약으로 교류하고 적의 서약으로 교류하지 마십시오. 그리하면 그대들에게 긴 세월 동안 이로움과 즐거움이 생성될 것입니다.

아난다여, 그렇다면 어떻게 직제자들이 교주와 친구의 서약으로 교류하지 않고 적의 서약으로 교류하는 것이겠습니까?

아난다여, 여기 교주는 애민을 포착하여 직제자들을 애민하며 이로움을 바라면서 '이것은 그대들의 이로움을 위한 것이고, 이것은 그대들의 즐거움을 위한 것입니다.'라고 법을 교시합니다. 그러나 그의 직제자들은 잘 듣지 않고, 귀를 기울이지 않고, 직접 알려는 마음을 일으키지 않습니다. 그리고 그들은 교주의 가르침으로부터 떨어져 어긋나갑니다. 아난다여, 실로 이와 같이 직제자들이 교주와 친구의 서약으로 교류하지 않고 적의 서약으로 교류합니다.

26. 아난다여, 그렇다면 어떻게 직제자들이 교주와 적의 서약으로 교류하지 않고 친구의 서약으로 교류하는 것이겠습니까?

아난다여, 여기 교주는 애민을 포착하여 직제자들을 애민하며 이로움을 바라면서 '이것은 그대들의 이로움을 위한 것이고, 이것은 그대들의 즐거움을 위한 것입니다.'라고 법을 교시합니다. 그러면 그의 직제자들은 잘 듣고, 귀를 기울이고, 직접 알려는 마음을 일으킵니다. 그리고 그들은 교주의 가르침으로부터 떨어져 어긋나가지 않습니다. 아난다여, 실로 이와 같이 직제자들이 교주와 적의 서약으로 교류하지 않고 친구의 서약으로 교류합니다.

아난다여, 그러므로 그대들은 나와 친구의 서약으로 교류하고 적의 서약으로 교류하지 마십시오. 그리하면 그대들에게 긴 세월 동안 이로움과 즐거움이 생성될 것입니다.

27. 아난다여, 나는 도공이 굽지 않은 도기들에 하는 정도로만 그대들을 위해 분투하지는 않을 것입니다. 아난다여, 나는 제지하고 또 제지하며 말할 것입니다. 아난다여, 나는 척결하고 또 척결하며 말할 것입니다. 어떤 그가 골수라면 머물러 있을 것입니다."

　이것을 세존께서 말씀하시자 아난다 존자는 흐뭇해져서 세존께서 설하신 것을 반겼습니다.

　　　　　　　• 두 번째, 『큰 비움 가닥』이 끝났다.

금강경

金剛般若波羅密經

벼락 치듯
알아차림으로
도착하기

구마라집 한역본

Vajracchedikā Prajñāpāramitā Sūtra

금강경
들어가기

금강경에 대한 번역과 주석은 고래로 수없이 많이 지어졌습니다. 그래서 또 다른 번역과 주석을 펴낸다는 것은 진부할 수도 있고, 군더더기가 될 수도 있고, 비교가 부담스럽기도 합니다. 그럼에도 이 번역물을 펴내는 이유는 한문 번역어를 격의법에 입각해서 범어의 일상어로 번역했을 때 경의 이해도를 높여줄 수 있을 것이라 생각했기 때문입니다. 나아가 그럼으로써 용어들이 어떻게 의미의 변형을 거쳤는지 헤아릴 수 있으리라 기대했기 때문이기도 합니다.

범어 원문을 참고할 때에는 각묵 스님의 『금강경 역해』(2001, 불광출판부)를 주로 이용했고 전재성 박사님의 『금강경-번개처럼 자르는 지혜의 완성』(2003, 한국빠알리성전협회)과 현진 스님의 『산스끄리뜨 금강경 역해』(2021, 불광출판사)도 참고했습니다. 원어를 참고하실 분은 이 책들을 찾아보시면 되기에 이 책에서는 싣지 않았습니다. 다만 다룰 필요가 있는 부분은 해설에서 밝혀 놓았습니다.

범어 원문을 직접 번역해 볼까 하는 생각이 든 적도 있었지만 저본을 구마라집 한역본으로 삼은 이유는, 첫째로 제가 범어에 능숙하지 못하기 때문이고, 둘째로 지금까지 독송본으로 널리 보급된 번역본은 구마라집 한역본이어서 내용을 쉽게 대조할 수 있을 것이기 때문입니다. 셋째로 구마라집의 한역본이 채택된 이유는 독송시의 리듬감과 더불어 간결함이 갖추어져 있어 내용을 간결명확하게 전달하기에 더 낫다고 생각했기 때문입니다. 또한 32장의 구분은 양나라 소명태자(504~547)가 구분한 것인데 후대로 답습되었고 여러 편의성 때문에 본서에서도 그에 따랐습니다. 다만 제목은 소명태자의 것을 참고하되 제가 풀어서 새롭게 달았습니다.

필자는 출가 초창기인 강원 시절에 금강경에 깊이 심취했던 적이 있었습니다. 그 후로 십여 년 정도 지나 근본불교와 그 경전들을 접하게 되었습니다. 여러 측면으로 살펴보니 근본 경전(니까야)이야말로 부처님의 가르침을 거의 왜곡 없이 전승한 경전임을 알게 되었고 골몰한 결과 부처님의 말씀을 전체적으로 파악할 수 있었습니다. 나아가 대승의 경전들은 부처님 가르침의 정수를 담고 있는 경우도 있지만 실로 심각한 변형과 왜곡이 생겼다는 것도 간파할 수 있었습니다.

그러나 지금의 저에게 아비담마 철학을 선택할 것인가 금강경을 선택할 것인가 하고 극단적인 이분법으로 묻는다면 아직은 금강경을 선택하겠습니다. 왜냐하면 아비담마 철학은 자체 성질(自性)이라는 실체사상에 빠져서 결국 법의 무아를 저버렸지만 금강경은 사람이든 법이든 실체가 없다는 부처님의 무아사상으로 귀결점을 찍고 있기 때문입니다.

하지만 금강경을 아무리 달달 외워도 깨달음이 오거나 고정관념이 깨지지 않습니다. 이것은 금강경 수행자들이 금강경은 위경이라고 밝혀줘도 받아들이지 않거나 금강경에 대한 반성적인 고찰을 하지 않는다는 것을 통해서도 입증됩니다. 금강경은 금강경이라고 할 만 것이 없습니다. 그래서 금강경이라고 하는 것입니다. 친설도 버려야 하거늘 하물며 위경이겠습니까? 한때 열렬한 관심과 정열을 바쳤고 깊은 공감을 느꼈던 경전이 초라하게 보이는 지금이 한편으로 좀 씁쓸한 여운을 남기기도 합니다. 다음의 시는 그런 정열을 바쳐가며 필자가 강원 시절에 금강경을 외웠던 기억으로 2007년 은사 스님 절에서 매일 21번씩 100일 동안 암송하고 번역한 후에 우러나온 시입니다. 이 시를 금강경에 헌화하며 글을 마치고자 합니다.

그냥 꽃이라 불러다오

하나의 몸짓도 아닌
허공으로 빚은 그대는

깨지지도 잡히지도 않아
그대로 너와 나이고
새와 강물이고 꽃이어라

전설 속의 다이아 눈알로도
찾아내지 못하리라는
뼈를 에는 혹한을 이겨내도
피어나지 않으리라는

바람 타고 봄은 오나 했더니만
그대 눈에 꽃 한 송이 피어 있소

그러나
꼭 꽃이라 말고
그냥 꽃이라 불러다오

금강반야바라밀경

金剛般若波羅密經
Vajracchedikā Prajñāpāramitā Sūtra
벼락[63] 치듯 알아차림으로 도착하기[64]

1. 법회가 열리다

이와 같이 저에게 들렸습니다.

한때 부처님께서 사위국의 기수급고독원에서 천이백오십명의 비구들과 함께 계십니다. 이때에 세존께서는 식사 시간이 되자, 아래옷을 여미고 그릇을 들고서 사위성으로 들어가십니다. 그곳에서 음식 덩이를 위해 차례대로 다니시고 돌아와 식사를 마치셨습니다. 그리고 의류와 그릇을 정리하신 다음 발을 씻고 '제시된 자리에 앉으셨습니다.'[65/66]

2. 수보리 장로가 질문하다

그때에 대중 속에 있었던 수보리 장로가 일어나 오른쪽 어깨를 드러낸 옷차림으로 오른쪽 무릎을 땅에 대고 합장하고서 공경히 부처님께 여쭈었습니다.

"희유하신 세존이시여! '한결같은 분'(如來)께서는 모든 보살[67]들을 잘 보살펴 주시고, 모든 보살들에게 잘 당부하고 계십니다. 세존이시여, '위없고 바르며 같은 깨달음'[68]에 마음을 낸 '양가의 아들'[69]이나 양가의 딸은 그 마음을 어떻게 두고 어떻게 다스려야 합니까?"[70]

부처님께서 말씀하셨습니다.

"잘되었고 잘되었습니다,[71] 수보리님. 당신께서 말씀하신 대로 한결같은 이는 모든 보살들을 잘 보살펴 주고, 모든 보살들에게 잘 당부하고 있습니다. 위없고 바르며 같은 깨달음에 마음을 낸 양가의 아들이나 양가의 딸은 그 마음을 어떻게 두고 어떻게 다스려야 하는지 당신께 말씀드릴 터이니 잘 새겨들으십시오."[72]

"그러겠습니다. 세존이시여. 기꺼이 듣겠습니다."

3. 대승의 바른 뜻을 밝히다

부처님께서 수보리님에게 말씀하셨습니다.

"보살이라면 알에서 태어나거나, 모태에서 태어나거나, 습기에서 태어나거나, 화현으로 태어나거나, 방해물(色)이 있거나, 방해물이 없거나, 인지(想)가 있거나, 인지가 없거나, 인지가 있는 것도 아니고 없는 것도 아니거나, 존재하는 모든 존재자들을

'내가 포착된 잔재가 없는 꺼짐(無餘涅槃)[73]에 들게 해서 제도하리라.' 하여, 그렇게 셀 수 없이 많은 존재자들을 제도했더라도 진실로 제도한 존재자[74]가 없다고[75] 마음을 다스려야만 합니다. 수보리님, 왜냐하면 보살이 '자기라고 인지함'[76](我相), '개체라고 인지함'(人相), '존재자라고 인지함'(衆生相), '생명이라고 인지함'(壽者相)이 있다면 보살이 아니기 때문입니다."[77]

4. 흔적 없이 보시하다

"수보리님, 보살은 또한 대상에 마음을 두지 않고 보시를 해야 합니다.[78] 즉, 방해물에 마음을 두지 않고 보시해야 하며, 소리와 냄새와 맛과 촉경과 법에도 마음을 두지 않고 보시해야 합니다. 수보리님, 보살은 이렇게 흔적 없이 보시해야 합니다. 왜냐하면 보살이 흔적 없이 보시한다면 그 복이 헤아릴 수 없기 때문입니다.

수보리님, 어떻게 생각하십니까. 동쪽의 허공을 헤아릴 수 있습니까?"

"아닙니다, 세존이시여."

"수보리님, 남쪽·서쪽·북쪽이나 간방이나 위아래의 허공을 헤아릴 수 있습니까?"

"아닙니다, 세존이시여."

"수보리님, 보살이 흔적 없이 보시한 복덕도 그와 같아서 헤

아릴 수 없습니다. 수보리님, 보살은 가르침대로 마음을 두어야
합니다."

5. 이치대로 실답게 보다

"수보리님, 어떻게 생각하십니까? 특징으로 한결같은 이를 볼
수 있습니까?"

"아닙니다, 세존이시여. 특징으로는 한결같은 분을 볼 수 없
습니다. 왜냐하면 한결같은 분께서 말씀하신 특징이란 특징이
라고 할 만한 것이 없기 때문입니다."

부처님께서 수보리님에게 말씀하셨습니다.

"특징이란 모두 허망한 것입니다. 모든 특징들은 특징이라고
할 만한 것이 없다고 본다면 곧 한결같은 이를 본 것입니다."

6. 바른 믿음은 희유하다

수보리님이 부처님께 여쭈었습니다.

"세존이시여, 먼 훗날 이러한 말씀의 구절을 듣고도 '사실이
라는 믿음을'[79] 일으키는 존재자들이 많이 있겠습니까?"

부처님께서 수보리님에게 말씀하셨습니다.

"그렇게 말씀하지 마십시오. 한결같은 이가 입멸한 뒤에 '마
지막 오백 년'[80]이 되어도 품행을 지니고 복을 쌓는 이들이 있
어서, 이러한 구절에 믿는 마음을 내고 사실이라고 여길 것입

니다. 이러한 사람은 한두 분의 부처님이나, 세 분, 네 분, 다섯 분의 부처님께만 선근을 심은 것이 아니라 헤아릴 수 없이 많은 부처님들 밑에서 이미 갖가지 선근을 심었기 때문에, 이러한 구절을 들으면 한순간에 곧바로 '확신을'[81] 가진다고 알아야 합니다.

　수보리님, 한결같은 이는 이러한 존재자들이 한량없는 복을 얻는다고 훤히 알고 훤히 봅니다. 왜냐하면 이러한 존재자들은 자기라고 인지함, 개체라고 인지함, 존재자라고 인지함, 생명이라고 인지함이 없으며, 법이라고 인지함도 없지만 법이 아니라고 인지함도 없기 때문입니다. 왜냐하면 이러한 존재자들이 마음에 인지함을 취했다면 이는 곧 자기와 개체와 존재자와 생명에 붙잡힌 것이 되고, 법이라고 인지함을 취했더라도 이는 곧 자기와 개체와 존재자와 생명에 붙잡힌 것이기 때문입니다. 왜냐하면 법이 아니라고 인지함을 취했더라도 이는 곧 자기와 개체와 존재자와 생명에 붙잡힌 것이기 때문입니다. 그러므로 법도 취하지 말아야 하며 법이 아닌 것도 취하지 말아야 합니다.

　이러한 이유 때문에 한결같은 이는 '나의 설법은 뗏목[82]과 같다고 비유한 것을 알고 있는 그대 비구들은, 법도 오히려 버려야 하거늘 하물며 법이 아닌 것이겠는가.'라고 항상 말한 것입니다."

7. 얻을 것도 없고 설할 것도 없다

"수보리님, 어떻게 생각하십니까? 한결같은 이가 위없고 바르며 같은 깨달음을 얻었습니까? 한결같은 이가 설한 법이 있습니까?"

수보리님이 대답했습니다.

"제가 부처님께서 설하신 뜻을 이해하기로는, 위없고 바르며 같은 깨달음이라고 부를 만한 '어떠한 정해진 법도 없으며'[83], 한결같은 분께서 설하실 만한 어떠한 정해진 법도 없습니다. 왜냐하면 한결같은 분께서 설하신 법은 모두 취할 수도 없고 설할 수도 없으며, 법도 아니고 법이 아닌 것도 아니기 때문입니다. 어떻게 이럴 수 있겠습니까? 모든 성인들은 형성된 것이 없음을 통해서 차이가 나기 때문입니다."[84]

8. 법을 통해서 생겨나다

"수보리님, 어떻게 생각하십니까? 만일 어떤 사람이 삼천 대천 세계에 가득 채운 '일곱 가지 보물'[85]을 보시한다면 이 사람이 받을 복덕이 많겠습니까?"

수보리님이 대답했습니다.

"매우 많습니다, 세존이시여. 왜냐하면 이 복덕이란 복덕이라고 할 만한 본성이 없으니, 이 때문에 한결같은 분께서는 복덕이 많다고 말씀하신 것입니다."[86]

"수보리님, 만일 또 어떤 사람이 이 경 가운데 네 구절의 게송만이라도 받아지녀서 다른 사람에게 설명해 준다면 그 복이 앞의 사람보다 뛰어납니다. 왜냐하면 모든 부처님들과 부처님의 위없고 바르며 같은 깨달음이 모두 이 경으로부터 생겨나기 때문입니다. 수보리님, 불법(佛法)이라 말하지만 불법이라고 할 만한 것이 없습니다."

9. 하나의 인지함까지도 없애다

"수보리님, 어떻게 생각하십니까? 예류자가 나는 예류자라는 결과를 얻었다고 생각하겠습니까?"

수보리님이 대답했습니다.

"아닙니다, 세존이시여. 왜냐하면 예류자는 '흐름에 든 이'라고 불리지만 어디에도 빠져들지 않아서, 방해물과 소리와 냄새와 맛과 촉경과 법에 빠져들지 않기 때문에 예류자라고 합니다."

"수보리님, 어떻게 생각하십니까? 일래자(一來者)가 나는 일래자라는 결과를 얻었다고 생각하겠습니까?"

수보리님이 대답했습니다.

"아닙니다, 세존이시여. 왜냐하면 일래자는 '한 번 오는 이'라고 불리지만 진실로 온다고 할 만한 것이 없기 때문에 일래자라고 합니다."

"수보리님, 어떻게 생각하십니까? 불환자(不還者)가 나는 불환자라는 결과를 얻었다고 생각하겠습니까?"

수보리님이 대답했습니다.

"아닙니다, 세존이시여. 왜냐하면 불환자는 '돌아오지 않는 이'라고 불리지만 진실로 돌아오지 않는다고 할 만한 것이 없기 때문에 불환자라고 합니다."

"수보리님, 어떻게 생각하십니까? 동격자(同格者)가 '나는 동격자다움[87]을 얻었다.'라고 생각하겠습니까?"

수보리님이 대답했습니다.

"아닙니다, 세존이시여. 왜냐하면 진실로 동격자라고 부를 만한 어떠한 법도 없기 때문입니다. 세존이시여, 만일 동격자가 '나는 동격자다움을 얻었다.'라고 생각한다면 이는 곧 자기와 개체와 존재자와 생명에 붙잡힌 것이 됩니다.

세존이시여, 부처님께서는 저에게 '다툼이 없는 고정됨[88]을 얻은 사람 가운데 제일 뛰어나다.'라고 말씀하셨으니, 이는 욕망을 여읜 제일가는 동격자라는 뜻입니다. 그러나 저는 제가 욕망을 여읜 동격자라는 생각을 갖지 않습니다. 세존이시여, 제가 '나는 동격자다움을 얻었다.'라는 생각을 가졌었다면 세존께서는 '수보리님은 적정한 행을 즐기는 분이니, 수보리님에게는 진실로 행한다고 할 만한 것이 없기 때문에 수보리님이야말로 적정한 행을 즐기신다고 하는 것이다.'라고 말씀하지 않으셨을 것입니다."

10. 불국토를 장엄하다

부처님께서 수보리님에게 말씀하셨습니다.

"어떻게 생각하십니까? 한결같은 이가 옛날 연등 부처님의 처소에 있을 때에 얻은 어떠한 법이 있었습니까?"

"아닙니다, 세존이시여. 한결같은 이께서 연등 부처님의 처소에 계실 때에 진실로 어떠한 법도 얻은 것이 없었습니다."

"수보리님, 어떻게 생각하십니까? 보살이 불국토를 장엄하는 것입니까?"

"아닙니다, 세존이시여. 왜냐하면 불국토를 장엄한다는 것은 장엄한다고 할 만한 것이 없으니, 그래서 이것을 장엄한다고 하기 때문입니다.

수보리님, 그러므로 위대한 존재자인 모든 보살들은 이렇게 청정한 마음을 내야 합니다.[89] 방해물에 마음을 두지 않고 마음을 내야 하며, 소리와 냄새와 맛과 촉경과 법에도 마음을 두지 않고 마음을 내야 하나니, 어디에도 마음을 두지 않고 그 마음을 내야 합니다.

수보리님, 비유를 들어 보겠습니다. 어떤 사람의 몸이 산 중의 왕인 수미산만 하다면 어떻게 생각하십니까? 그 몸이 크다고 하겠습니까?"

수보리님이 대답했습니다.

"매우 큽니다, 세존이시여. 왜냐하면 부처님께서 몸이라고 할 만한 것이 없다고 설하셨으니, 그래서 이것을 큰 몸이라고 하기 때문입니다."

11. 작위 없는 복이 뛰어나다

"수보리님, 어떻게 생각하십니까? 항하에 있는 모래 수만큼의 항하가 있고, 다시 이 모든 항하에 있는 모래는 많다고 하겠습니까?"

수보리님이 대답했습니다

"매우 많습니다, 세존이시여. 그 모든 항하도 오히려 수없이 많을 텐데 하물며 거기에 있는 모래이겠습니까?"

"수보리님, 내가 지금 당신에게 진실하게 말씀드리겠습니다. 만일 어떤 양가의 아들이나 양가의 딸이 삼천 대천세계에 가득 채운 일곱 가지 보물을 보시했다면 받을 복이 많겠습니까?"

수보리님이 대답했습니다.

"매우 많습니다, 세존이시여."

부처님께서 수보리님에게 말씀하셨습니다.

"만일 양가의 아들이나 양가의 딸이 이 경 가운데 네 구절의 게송만이라도 받아지녀서 다른 사람에게 설명해 준다면 이 복덕이 앞의 복덕보다 뛰어납니다."

12. 바른 가르침을 존중하다

"수보리님, 또한 이 경에 있는 네 구절의 게송만이라도 설명하는 곳마다, 모든 세상의 신과 인간과 아수라들이 모두 부처님의 탑묘와 같이 반드시 공양을 올린다고 알아야 합니다. 하물며 어떤 사람이 이 경을 전부 받아지니고 독송한다면 어떠하겠습니까? 수보리님, 이 사람은 가장 놀라운 공덕을 성취했다고 알아야 합니다. 또한 이 경이 머무는 곳은 부처님이나 존경스러운 제자가 머무는 것과 같습니다."

13. 여법하게 받아지니다

이때에 수보리님이 부처님께 여쭈었습니다.

"세존이시여, 이 경은 무엇이라 불러야 하며, 어떻게 받들어 지녀야 합니까?"

부처님께서 수보리님에게 말씀하셨습니다.

"이 경은 '벼락 치듯 알아차림으로[90] 도착하기'라고 이름을 짓겠습니다.[91] 이 이름으로 받들어 지녀야 합니다. 수보리님, 어째서 이러하겠습니까? 부처는 '알아차림으로 도착하기'란 '알아차림으로 도착하기'라고 할 만한 것이 없다고 설하나니, 그래서 이것을 '알아차림으로 도착하기'라고 합니다."

"수보리님, 어떻게 생각하십니까? 한결같은 이가 설한 법이 있습니까?"

수보리님이 부처님께 대답했습니다.

"세존이시여, '한결같은 분께서 설했다고 할 만한 것이 없습니다.'[92]"

"수보리님, 어떻게 생각하십니까? 삼천 대천세계에 있는 먼지가 많다고 하겠습니까?"

수보리님이 대답했습니다.

"매우 많습니다, 세존이시여."

"수보리님, 그 모든 먼지들을 한결같은 이는 먼지라고 할 만한 것이 없다고 설하나니, 그래서 이것을 먼지라고 합니다. 한결같은 이는 세계도 세계라고 할 만한 것이 없다고 설하나니, 그래서 이것을 세계라고 합니다. 수보리님, 어떻게 생각하십니까? 서른두 가지 특징으로 한결같은 이를 볼 수 있습니까?"

"아닙니다, 세존이시여. 서른두 가지 특징으로는 한결같은 분을 볼 수 없습니다. 왜냐하면 한결같은 분께서는 서른두 가지 특징이란 특징이라고 할 만한 것이 없다고 설하시나니, 그래서 이것을 서른두 가지 특징이라고 하기 때문입니다."

"수보리님, 만일 어떤 양가의 아들이나 양가의 딸이 항하의 모래만큼 많은 몸을 보시했더라도, 다른 어떤 사람이 이 경에서 네 구절의 게송만이라도 받아지니고서 남을 위해 설명해 준다면 이 복이 훨씬 더 많을 것입니다."

14. 인지함을 깨뜨려서 적멸해지다

이때에 수보리님이 이 경의 말씀을 듣고 그 뜻을 깊이 이해하고는, '눈물을 흘리며'[93] 부처님께 말씀드렸습니다.

"희유하신 세존이시여! 부처님께서는 이러한 깊고 깊은 경전을 설하고 계십니다. 제가 지혜의 눈을 얻은 뒤로도 이러한 경을 일찍이 들어 본 적이 없었습니다. 세존이시여, 만일 어떤 사람이 이 경을 듣고서 믿는 마음이 깨끗해지면 곧 진실하다고 인지하는 일이 생길 것입니다. 이 사람은 가장 놀라운 공덕을 성취했다고 알아야 합니다. 그러나 세존이시여, 이 진실하다고 인지함도 인지함이라고 할 만한 것이 없으니, 그래서 한결같은 분께서는 진실하다고 인지함이라 부른다 하셨습니다.

세존이시여, 제가 지금 이러한 경전을 듣고서 확고하게 받아 지니는 것은 어렵지 않지만, 만일 다가올 마지막 오백 년 세상에서 어떤 존재자가 이 경을 듣고서 확신하고 받아지닌다면 이 사람은 가장 놀라운 이입니다. 왜냐하면 이 사람은 자기라고 인지함이 없고 개체라고 인지함이 없으며, 존재자라고 인지함도 없고 생명이라고 인지함도 없을 것이기 때문입니다. 어째서 이러하겠습니까? 자기라고 인지함이란 인지함이라고 할 만한 것이 없으며, 개체라고 인지함과, 존재자라고 인지함과, 생명이라고 인지함도 인지함이라고 할 만한 것이 없기 때문입니다. 왜냐하면 '모든 인지함을 깨뜨려야 부처님'[94]이라고 부르기 때문입니다."

부처님께서 수보리님에게 말씀하셨습니다.

"그렇습니다, 정말 그렇습니다. 만일 어떤 사람이 이 경을 듣고도 놀라지 않고 두렵거나 무서워하지 않는다면 매우 희유한 사람이라고 알아야 합니다. 수보리님, 왜냐하면 한결같은 이는 '최상으로 도착하기'란 '최상으로 도착하기'라고 할 만한 것이 없다고 설하나니, 그래서 이것을 '최상으로 도착하기'라고 하기 때문입니다. 수보리님, '인욕으로 도착하기'도 한결같은 이는 '인욕으로 도착하기'라고 할 만한 것이 없다고 설합니다. 수보리님, 왜냐하면 옛날에 내가 가리왕에게 몸을 잘렸는데, 그때에 나에게는 자기라고 인지함이 없었고 개체라고 인지함이 없었으며, 존재자라고 인지함도 없었고 생명이라고 인지함도 없었기 때문입니다. 왜냐하면 사지가 마디마디 잘리던 그때에, 나에게 자기라고 인지함, 개체라고 인지함, 존재자라고 인지함, 생명이라고 인지함이 있었다면 반드시 성을 내고 원한을 가졌을 것이기 때문입니다. 수보리님, 또한 오백 생 동안 인욕을 닦았던 과거를 기억해 보니, 그때에도 자기라고 인지함이 없었고 개체라고 인지함이 없었으며, 존재자라고 인지함도 없었고 생명이라고 인지함도 없었습니다.

수보리님, 그러므로 보살은 모든 인지함을 버리고 위없고 바르며 같은 깨달음에 마음을 내야 합니다. 방해물에 마음을 두지 않고 마음을 내야 하며 소리와 냄새와 맛과 촉경과 법에도 마음을 두지 않고 마음을 내어서, 어디에도 마음을 두지 않는 마음을 내야 합니다. 마음을 그 어디에 두더라도 곧 잘못 둔 것입니다. 그러므로 부처는 방해물에 마음을 두지 말고 보시를 해야 한다고 설하는 것입니다. 수보리님, 보살은 모든 존재자를 위하여 그렇게 보시해야 합니다.

한결같은 이는 모든 인지함이란 인지함이라고 할 만한 것이 없다고 설하며, 모든 존재자도 존재자라고 할 만한 것이 없다고 설합니다. 수보리님, 한결같은 이는 진실을 말하는 이이며, 사실을 말하는 이이며, 그대로 말하는 이이니, 거짓으로 말하거나 틀리게 말하는 이가 아닙니다. 수보리님, 한결같은 이가 얻은 이 법은 '실답지도 않고 허망하지도 않습니다.'[95]

수보리님, 만일 보살이 대상에 마음을 두고서 보시한다면 어둠 속에서 아무것도 보지 못하는 사람과 같을 것이요, 대상에 마음을 두지 않고서 보시한다면 햇살이 환히 비출 때에 눈을 뜨고서 갖가지 색깔을 보는 사람과 같을 것입니다.

수보리님, 다가오는 세상에서 어떤 양가의 아들이나 양가의 딸이 이 경을 받아지니고 독송한다면 이런 사람들은 모두 한량없고 끝이 없는 공덕을 성취하리라고 한결같은 이는 부처의 지혜로 훤히 알고 훤히 봅니다."

15. 독송하는 공덕을 말하다

"수보리님, 만일 어떤 양가의 아들이나 양가의 딸이 아침나절에 항하의 모래 수만큼 몸을 보시하고, 점심나절에 항하의 모래 수만큼 몸을 보시하며, 저녁나절에도 항하의 모래 수만큼 몸을 보시하되, 이렇게 한량없는 세월 동안 몸을 보시했더라도, 다른 어떤 사람이 이 경을 듣고서 믿는 마음으로 거스르지 아니하면 이 복이 앞의 복보다 뛰어납니다. 하물며 '베껴 쓰고'[96] 받아지녀서 독송하며 남에게도 설명해 주는 것이겠습니까?

수보리님, 요점을 말하자면 이 경에는 헤아릴 수 없고 잴 수 없으며 끝이 없는 공덕이 있습니다. 한결같은 이는 대승[97]에 마음을 낸 자를 위하여 설해 주며 최상승에 마음을 낸 자를 위하여 설해 주는 것입니다.

만일 어떤 사람이 받아지녀서 독송하고 널리 남을 위해 설명해 준다면 한결같은 이는 이러한 사람들이 모두 헤아릴 수 없고 잴 수 없으며 끝이 없는 불가사의한 공덕을 성취하리라고 훤히 알고 훤히 봅니다. 이러한 사람들은 한결같은 이의 위없고 바르며 같은 깨달음을 짊어지게 될 것입니다.

수보리님, 왜냐하면 하찮은 것을 즐기는 자들은 자기라는 견해, 개체라는 견해, 존재자라는 견해, 생명이라는 견해에 걸려 있기 때문에 이 경을 듣고 받아들여서 독송하며 남을 위해 설명해 줄 수가 없습니다.

수보리님, 거처하는 곳이 어디라도 이 경이 있으면 모든 세상의 신과 인간과 아수라가 반드시 공양을 올릴 것입니다. 이곳은 탑으로 여겨져서 모두가 공경하고 예를 갖춰 주위를 돌며 갖가지 꽃과 향을 흩뿌린다고 알아야 합니다."

16. 업장을 맑혀 주다

"수보리님, 다른 한편으로 양가의 아들이나 양가의 딸이 이 경을 받아지녀서 독송하는데도 남들에게 경멸과 천대를 받을 수도 있습니다. 이런 사람은 나쁜 곳에 떨어질 전생의 죄업이 있었으나 금생에 남들에게 경멸과 천대만을 받고도 전생의 죄업이 소멸되는 경우이며 반드시 위없고 바르며 같은 깨달음을 얻게 될 것입니다.[98]

수보리님, 내가 한량없는 아승기 겁 전의 과거를 기억해 보니, 연등 부처님 전에도 수천만억의 부처님께 공양드리고 모시면서 헛되이[99] 보내지 않았습니다. 그러나 내가 여러 부처님께 공양한 공덕은 다른 어떤 사람이 뒷날 말세에 이 경을 받아지니고서 독송한 공덕에 비한다면 백 분의 일에도 미치지 못하며, 천만억 분의 일이나 어떤 숫자와 비유로도 미치지 못합니다.

수보리님, 만일 양가의 아들이나 양가의 딸이 뒷날 말세에 이 경을 받아지녀서 독송한 공덕을 내가 자세히 말해 주면 어떤 사람은 그걸 듣고 미처 날뛰거나 여우처럼 의심하며 믿지 않을 것입니다. 수보리님, 이 경은 뜻도 불가사의하지만 과보도 불가사의하다는 것을 알아야 합니다."

17. 어디에도 실체란 없다

이때에 수보리님이 부처님께 여쭈었습니다.

"세존이시여, 위없고 바르며 같은 깨달음에 마음을 낸 양가의 아들이나 양가의 딸은 그 마음을 어떻게 두고 어떻게 다스려야 합니까?"

부처님께서 수보리님에게 대답하셨습니다.

"만일 양가의 아들이나 양가의 딸이 위없고 바르며 같은 깨달음에 마음을 냈다면, '내가 모든 존재자들을 제도하리라.' 하여 모든 존재자들을 제도했더라도 진실로 제도한 존재자가 하나도 없다고 마음을 가져야 합니다. 수보리님, 왜냐하면 만일 보살에게 자기라고 인지함, 개체라고 인지함, 존재자라고 인지함, 생명이라고 인지함이 있다면 보살이 아니기 때문입니다. 어째서 그러하겠습니까? 수보리님, 위없고 바르며 같은 깨달음이라고 마음을 낼 만한 어떠한 법도 진실로 없기 때문입니다.

수보리님, 어떻게 생각하십니까? 한결같은 이가 연등 부처님의 처소에서 위없고 바르며 같은 깨달음을 얻었다고 할 만한 법이 있었습니까?"

"아닙니다, 세존이시여. 제가 부처님께서 설하신 뜻을 이해하기로는 부처님께서 연등 부처님의 처소에서 위없고 바르며 같은 깨달음을 얻었다고 할 만한 어떠한 법도 없었습니다.”

부처님께서 말씀하셨습니다.

“그렇습니다, 정말 그렇습니다. 수보리님, 한결같은 이가 위없고 바르며 같은 깨달음을 얻었다고 할 만한 어떠한 법도 진실로 없습니다. 수보리님, 만일 한결같은 이가 위없고 바르며 같은 깨달음을 얻었다고 할 만한 어떠한 법이 있었다면 연등 부처님께서는 나에게 '그대는 미래에 반드시 부처가 되어 석가모니라 불릴 것이다.'라고 표명하지[100] 않으셨을 것입니다. 그러나 위없고 바르며 같은 깨달음을 얻었다고 할 만한 '어떠한 법도 실로 없었기'[101] 때문에 연등 부처님께서는 나에게 표명하시기를 '그대는 미래에 반드시 부처가 되어 석가모니라 불릴 것이다.'라고 말씀하신 것입니다. 왜냐하면 '생성된 그대로'[102]가 곧 한결같은 이이기 때문입니다.

수보리님, 어떤 사람은 한결같은 이가 위없고 바르며 같은 깨달음을 얻었다고 말하지만 진실로 부처가 위없고 바르며 같은 깨달음을 얻었다고 할 만한 어떠한 법도 없습니다. 그러나 수보리님, 한결같은 이가 얻은 위없고 바르며 같은 깨달음이란 실답지도 않지만 허망하지도 않습니다. 그러므로 한결같은 이는 '모든 법이 다 불법[103]이다.'라고 설하는 것입니다. 수보리님, 모든 법이라고 말했지만 모든 법이라고 할 만한 것이 없으니,

그래서 이것을 모든 법이라고 합니다. 수보리님, 예를 들어 사람의 몸이 크다고 말하는 것도 이와 같습니다."

수보리님이 말씀드렸습니다.

"세존이시여, 한결같은 분께서 사람의 몸이 크다고 말씀하셨지만 큰 몸이라고 할 만한 것이 없으니, 그래서 이것을 큰 몸이라고 합니다."

"수보리님, 보살도 이와 같아서 '내가 한량없는 존재자들을 제도해야 한다.'라고 말하면 보살이라고 부를 수 없습니다. 수보리님, 왜냐하면 보살이라고 부를 만한 어떤 법도 진실로 없기 때문입니다. 그래서 부처는 모든 법에는 나라고 할 만한 것이 없고, 개체라고 할 만한 것이 없으며, 존재자라고 할 만한 것도 없고, 생명이라고 할 만한 것도 없다고 설합니다.

수보리님, 만일 보살이 내가 불국토를 장엄해야 한다고 말한다면 보살이라고 부를 수 없습니다. 왜냐하면 한결같은 이가 말한 불국토를 장엄한다는 것은 장엄이라고 할 만한 것이 없으니, 그래서 이것을 장엄이라고 하기 때문입니다. 수보리님, 만일 보살이 '법들은 자기라고 할 만한 것이 없다'[104]고 확고해졌을 때 한결같은 이는 그를 보살이라고 부를 것입니다."

18. 한몸처럼 훤히 알다

"수보리님, 한결같은 이에게 육체의 눈(肉眼)이 있다고 생각하십니까?"

"그렇습니다, 세존이시여. 한결같은 분께는 육체의 눈이 있습니다."

"수보리님, 한결같은 이에게 하늘의 눈(天眼)이 있다고 생각하십니까?"

"그렇습니다, 세존이시여. 한결같은 분께는 하늘의 눈이 있습니다."

"수보리님, 한결같은 이에게 알아차림의 눈(慧眼)이 있다고 생각하십니까?"

"그렇습니다, 세존이시여. 한결같은 분께는 알아차림의 눈이 있습니다."

"수보리님, 한결같은 이에게 법의 눈(法眼)이 있다고 생각하십니까?"

"그렇습니다, 세존이시여. 한결같은 분께는 법의 눈이 있습니다."

"수보리님, 한결같은 이에게 부처의 눈(佛眼)이 있다고 생각하십니까?"

"그렇습니다, 세존이시여. 한결같은 분께는 부처의 눈이 있습니다."

"수보리님, 어떻게 생각하십니까? 부처가 저 항하에 있는 모래에 대해 설한 적이 있었습니까?"

"그렇습니다, 세존이시여. 한결같은 분께서는 그 모래에 대해 설하신 적이 있었습니다."

"수보리님, 어떻게 생각하십니까? 항하에 있는 모래 수만큼의 항하가 있고, 다시 이 모든 항하의 모래 수만큼의 부처님 나라가 있다면 이러한 나라가 많다고 하겠습니까?"

"매우 많습니다, 세존이시여."

부처님께서 수보리님에게 말씀하셨습니다.

"한결같은 이는 이 나라에 있는 존재자들의 갖가지 마음을 훤히 압니다. 왜냐하면 한결같은 이는 마음들이란 모두 다 마음이라고 할 만한 것이 없다고 설하나니, 그래서 이것을 마음이라고 하기 때문입니다. 어째서 그러하겠습니까? 수보리님, 과거의 마음도 잡아낼[105] 수 없고 현재의 마음도 잡아낼 수 없으며 미래의 마음도 잡아낼 수 없기 때문입니다."

19. 복덕이 많은 이유를 밝히다

"수보리님, 어떻게 생각하십니까? 만일 어떤 사람이 삼천 대천 세계를 가득 채운 일곱 가지 보물을 보시했다면 이 사람은 이 인연으로 받을 복이 많겠습니까?"

"그렇습니다, 세존이시여. 그 사람은 그 인연으로 받을 복이 매우 많을 것입니다."

"수보리님, 만일 복덕에 실체가 있다면 한결같은 이는 받을 복덕이 많다고 설하지 않았을 것입니다. 복덕에는 실체가 없기 때문에 한결같은 이는 받을 복덕이 많다고 설한 것입니다."

20. 몸과 특징으로는 알 수 없다

"수보리님, 어떻게 생각하십니까? 갖춰진 몸을 보고 부처라고 할 수 있겠습니까?"

"아닙니다, 세존이시여. 갖춰진 몸을 보고 한결같은 분이라고 해서는 안 됩니다. 왜냐하면 한결같은 분께서는 갖춰진 몸이란 갖춰진 몸이라고 할 만한 것이 없다고 설하시나니, 그래서 이것을 갖춰진 몸이라고 하기 때문입니다."

"수보리님, 어떻게 생각하십니까? 갖춰진 여러 특징들을 보고 한결같은 이라고 할 수 있겠습니까?"

"아닙니다, 세존이시여. 갖춰진 여러 특징들을 보고 한결같은 분이라고 해서는 안 됩니다. 왜냐하면 한결같은 분께서는 갖춰진 여러 특징들이란 갖춰졌다고 할 만한 것이 없다고 설하시나니, 그래서 이것을 갖춰진 여러 특징들이라고 하기 때문입니다."

21. 설할 만한 법이 없다

"수보리님, 당신께서 '한결같은 이는 자기가 설한 법이 있다고 생각한다.'라며 말씀하신다면 그렇게 생각하지 마십시오. 왜냐하면 만일 어떤 사람이 '한결같은 이가 설한 법이 있다.'라고 말한다면 부처를 비방하는 것이며 제가 설한 것을 이해할 수 없기 때문입니다. 수보리님, 법을 설한다는 것은 설할 만한 법이 없는 것이니, 그래서 이것을 법을 설한다고 합니다."

이때에 혜명[106] 수보리님이 부처님께 여쭈었습니다.

"세존이시여, 미래에 이런 법을 듣고도 믿는 마음을 내는 존재자들이 많이 있겠습니까?"

부처님께서 대답하셨습니다.

"수보리님, 그들은 존재자라고 해서도 안 되고 존재자가 아니라고 해서도 안 됩니다. 수보리님, 왜냐하면 존재자다, 존재자다, 말하지만 한결같은 이는 존재자라고 할 만한 것이 없다고 설하나니, 그래서 이것을 존재자라고 하기 때문입니다."

22. 잡아냈다고 할 만한 법이 없다

수보리님이 부처님께 여쭈었습니다.

"세존이시여, 부처님께서 얻은 위없고 바르며 같은 깨달음이란 얻었다고 할 만한 것이 없습니까?"

부처님께서 대답하셨습니다.

"그렇습니다, 정말 그렇습니다. 수보리님, 내가 위없고 바르며 같은 깨달음에서뿐만 아니라 잡아냈다고 할 만한 법이 조금도 없으니, 그래서 이것을 위없고 바르며 같은 깨달음이라고 합니다."

23. 마음을 비우고 좋은 법을 쌓다

"수보리님, 또한 이 법은 평등해서 위아래가 없으니, 그래서 이 것을 위없고 바르며 같은 깨달음이라고 합니다. 자기도 없고 개체도 없으며, 존재자도 없고 생명도 없이 모든 '좋은 법'[107]을 쌓다 보면 곧 위없고 바르며 같은 깨달음을 얻을 것입니다. 그러나 수보리님, 좋은 법이라 말했지만 한결같은 이는 좋은 법이라고 할 만한 것이 없다고 설하나니, 그래서 이것을 좋은 법이라고 합니다."

24. 복과 지혜는 비교할 수 없다

"수보리님, 어떤 사람이 삼천 대천세계에 있는 모든 수미산만큼의 일곱 가지 보물들을 보시했더라도, 만일 다른 사람이 이 경전이나 네 구절의 게송만이라도 받아지녀서 독송하며 남에게도 설명해 준다면, 앞의 복덕으로는 백분의 일이나 천만억분의 일에도 미치지 못하며, 어떠한 산수와 비유로도 미칠 수가 없습니다."

25. 교화하는 바 없이 교화하다

"수보리님, 어떻게 생각하십니까? 여러분들이 '한결같은 이는 자기가 존재자를 제도해야 한다고 생각한다.'라며 말한다면 그렇게 생각하지 말아야 합니다. 왜냐하면 한결같은 이가 제도할 어떤 존재자도 진실로 없으며, 만일 한결같은 이가 제도할 존재자가 있다고 하면 한결같은 이에게는 곧 자기와 개체와 존재자와 생명이 있는 것입니다.

수보리님, '내가 있다.'고들 하지만 '내가 있다.'라고 할 만한 것이 없다고 한결같은 이는 설합니다. 그러나 범부들은 '내가 있다.'라고 여깁니다. 수보리님, 범부라는 것도 한결같은 이는 범부라고 할 만한 것이 없다고 설하나니, 그래서 이것을 범부라고 합니다."

26. 참된 몸에는 특징이 없다

"수보리님, 어떻게 생각하십니까? 한결같은 이가 '서른두 가지 특징'[108]으로 보입니까?"

수보리님이 대답했습니다.

"그렇습니다, 정말 그렇습니다. 서른두 가지 특징으로 한결같은 분이 보입니다."[109]

부처님께서 말씀하셨습니다.

"수보리님, 한결같은 이를 서른두 가지 특징으로 본다면 전륜성왕도 한결같은 이겠습니다."

수보리님이 부처님께 대답했습니다.

"세존이시여, 제가 부처님께서 설하신 뜻을 생각해보니 서른 두 가지 특징으로 한결같은 분을 봐서는 안 됩니다."

이때에 세존께서 게송으로 말씀하셨습니다.

> 방해물로 나를 보거나
> 목소리로 나를 찾는 자
> 잘못된 길 접어든 자니
> 한결같은 이를 볼 수 없으리.[110]

27. 단멸하는 법이 없다

"수보리님, 당신께서 '한결같은 이는 특징을 갖추었기 때문에 위없고 바르며 같은 깨달음을 얻은 것이 아니구나.'[111] 하고 생각하신다면, 수보리님, '한결같은 이는 특징을 갖추었기 때문에 위없고 바르며 같은 깨달음을 얻은 것이 아니구나.' 하고 생각하지 마십시오. 수보리님, 당신께서 또한 '위없고 바르며 같은 깨달음에 마음을 낸 이들이 모든 법들은 단멸한다고 말할 것이다.'라고 생각하신다면 그렇게 생각하지 마십시오. 왜냐하면 위없고 바르며 같은 깨달음에 마음을 냈다면 법들은 단멸한다고 말하지 않을 것이기 때문입니다."

28. 받을 복에 관심이 없다

"수보리님, 만일 보살이 항하의 모래 수와 같은 세계를 가득 채운 일곱 가지 보물로 보시했다 하더라도, 다른 어떤 사람이 '모든 법에는 나라고 할 만한 것이 없다고 알아서 인욕을 완성한다면'[112] 이 보살은 앞의 보살이 이룬 공덕보다 뛰어날 것입니다. 수보리님, 왜냐하면 이러한 보살들은 복덕을 받지 않기 때문입니다."

수보리님이 부처님께 여쭈었습니다.

"세존이시여, 어째서 보살이 복덕을 받지 않습니까?"

"수보리님, 보살은 지은 복덕에 탐착하지 않습니다. 그래서 복덕을 받지 않는다고 말한 것입니다."

29. 가고 옴이 본래 없다

"수보리님, 만일 어떤 사람이 '한결같은 이는 가기도 하고, 오기도 하며, 앉기도 하고, 눕기도 한다.'라고 말한다면 이 사람은 내가 설한 뜻을 이해하지 못한 것입니다. 왜냐하면 한결같은 이는 어디로 가는 것도 없고 어디서 오는 것도 없으니, 그러므로 한결같은 이라고 하기 때문입니다."

30. 부수든 뭉치든 끝이 없다

"수보리님, 만일 양가의 아들이나 양가의 딸이 삼천 대천세계를 부수어 먼지로 만들었다면 이 먼지들이 많다고 생각하십니까?"

수보리님이 대답했습니다.

"매우 많습니다, 세존이시여. 왜냐하면 이 먼지들이 진실로 있는 것이라면 부처님께서는 먼지들이라고 설하지 않으셨을 것입니다. 어째서 그러하겠습니까? 부처님께서는 먼지들이란 먼지라고 할 만한 것이 없다고 설하시나니, 그래서 이것을 먼지들이라고 하기 때문입니다.

세존이시여, 한결같은 분께서 설하신 삼천 대천세계도 세계라고 할 만한 것이 없나니, 그래서 이것을 세계라고 합니다. 왜냐하면 세계가 진실로 있는 것이라면 한 덩이의 모양이겠지만, 한결같은 분께서는 한 덩이의 모양이란 한 덩이의 모양이라고 할 만한 것이 없다고 설하시나니, 그래서 이것을 한 덩이의 모양이라고 하기 때문입니다."

"수보리님, 한 덩이의 모양이란 설명할 수 없는 것인데도 범부들이 그렇다고 고집하는 것입니다."

31. 견해를 내지 않다

"수보리님, 만일 어떤 사람이 '부처님은 자기라는 견해, 개체라는 견해, 존재자라는 견해, 생명이라는 견해를 설하셨다.'라고 말한다면 이 사람이 내가 설한 뜻을 이해했다고 보십니까?"

"아닙니다, 세존이시여. 그 사람은 한결같은 분께서 설하신 뜻을 이해하지 못한 것입니다. 왜냐하면 세존께서는 자기라는 견해, 개체라는 견해, 존재자라는 견해, 생명이라는 견해란 자기라는 견해, 개체라는 견해, 존재자라는 견해, 생명이라는 견해라고 할 만한 것이 없다고 설하시나니, 그래서 이것을 자기라는 견해, 개체라는 견해, 존재자라는 견해, 생명이라는 견해라고 하기 때문입니다."[113]

"수보리님, 위없고 바르며 같은 깨달음에 마음을 낸 이는 모든 법에 대해서 이렇게 알아야 하고 이렇게 보아야 하며 이렇게 확고해야 하지만, 법이라고 인지함도 가져서는 안 됩니다. 수보리님, 말씀드린 법이라고 인지함이란 법이라고 인지함이라 할 만한 것이 없다고 한결같은 이는 설하나니, 그래서 이것을 법이라고 인지함이라 합니다."

32. 흔들림 없이 변화를 관찰하다

"수보리님, 어떤 사람이 한량없는 아승기의 세계를 가득 채운 일곱 가지 보물로 보시하더라도, 만일 보살의 마음을 낸 양가의 아들이나 양가의 딸이 이 경에서 네 구절의 게송만이라도 받아지니고 독송하며 남을 위해 자세히 설명해 준다면 앞의 복덕보다 뛰어날 것입니다. 그렇다면 어떻게 남을 위해 자세히 설명해야 되겠습니까? 인지함에 빠지지 않고 본래 그대로 흔들림이 없어야 할 것입니다. 어째서 그럴 수 있겠습니까?

세상의 모든 것들은
꿈과 환영과 그림자 같으며
포말과 이슬과 섬광[114] 같나니,
이렇게 봐야 하리라.[115]

부처님께서 이 경을 마치시자 수보리님과 모든 비구·비구니·남신도·여신도와 모든 세계의 신·인간·아수라들도 부처님의 말씀을 듣고는 크게 기뻐하면서 믿고 받들어 지녔습니다.

반야심경

般若波羅密多心經

알아차림으로
도착하기의
심장 가닥

현장 한역본

반야심경
들어가기

반야심경은 대승 말기의 밀교 수행인 진언이 삽입될 정도로 후기의 작품이어서 진공묘유로서의 공사상이 완결되어 있습니다. 한국불교에서 의식 때마다 암송되는 이유가 여기에 있습니다. 대승사상이란 공사상이라고 해도 과언이 아닐 것입니다. 그러므로 반야심경만 잘 해독해도 대승의 정수를 파악할 수 있습니다.

반야심경의 주제인 공(suñña, 空, 비었음)은 초기 대승사상을 대표하는 반야부의 핵심 개념이기도 합니다. 반야부 중에서도 금강경은 대표적인 경이며 반야심경은 결정체에 해당합니다. 그런데 반야심경의 공은 사실 아비담마 철학의 자체성질(svabhāva, 自性)이라는 개념을 타파하기 위한 것이었습니다. 이러한 사실이 첫째 문장에서부터 표명되었지만 자체성질이라는 단어를 생략하며 한역되면서 은폐되어 왔습니다. 이제는 다행히 1931년 길기트에서 범본이 발견되어 제대로 밝힐 수 있게 되었습니다. 그런데 반야심경에서만 아비담마 철학의 자체성질을 비판한 것이 아닙니다. 이미 대승의 사상적 양대 축인 중관과 유식의 출발점도 그 자체성질에 대한 비판에서 비롯된 것이라 볼 수 있습니다. 그렇다면 대승의 공사상을 촉발시킨 아비담마 철학의 자체성질이라는 개념을 살펴볼 필요가 있습니다.

먼저 짚고 넘어가야 할 개념으로, 아비담마 철학에서 말하는 'sāmañña lakkhaṇa'(共相)란 '일반적인 특징' 혹은 '통념적인 특징'이라고 번역해야 합니다. 'sāmañña'('같이'sam '알다' √jña)란 세상에서 두루 합의된 개념을 말합니다. 그래서 불교 외의 이교도의 비구들까지 합쳐서 '일반적인 비구'(sāmaññāya bhikkhhu, 名字比丘. 한비-1344)라고 표현합니다. 또한 품행(戒)을 모두가 서로서로 잘 갖추는 것을 '품행이 일반화된다면'(sīla-sāmañña-gatā, D2-80, 초디2-174)이라고 말합니다. 이런 단어를 '보편적'이라고 번역해서는 안 됩니다.

철학에서 보편(universal)이란 예외가 없는 전체를 말합니다. 본질과 현상 모두에 걸쳐서 예외 없이 적용될 때 사용하는 용어입니다. 이에 비해 일반(general)이란 예외가 있지만 전반적이라는 말입니다.

아비담마 철학에서 '일반적인 특징'은 무상·고·무아를 말합니다. 그러므로 이것은 아비담마 철학에서 무상·고·무아를 현상적이고도 통념적인 특징들이라고 말하고 있는 것이고, 무상·고·무아는 예외가 있다는 말이 됩니다. 그 예외가 바로 '자체성질의 특징'(sabhāva lakkhaṇa, 自相)이라는 것입니다. 이 특징은 일반적인 특징과 대비되는 본질적이고도 실체적인 특징입니다.

자체성질(sabhāva)이란 법이 존재하는 한, 그 법을 그 법이게 끔 그 법에 박혀 있는 영원불변한 성질의 실체입니다. 법들은 찰라생 찰라멸 하지만 그 법들의 정체성, 즉 자기동일성을 이어 주는 것은 그 법들에 박혀 있는 불변의 자체성질 때문입니다. 그러므로 자체성질은 그와 대비되는 무상·고·무아에 적용되지 않습니다. 적용된다고 하면 자체성질로서의 자격이 없어지는 모순에 빠집니다. 자체성질은 무아(無我, an-attan)가 아니라 아(我, attan), 즉 실체 개념입니다. 동서양 철학을 통틀어 개론이라도 조금만 공부해 본다면 자체성질이 실체 개념이라는 것을 쉽게 알 수 있습니다.

아비담마 철학에서는 자체성질이 박혀 있는 법을 '궁극적 실재'(paramattha)라고 부르며 존재의 최소 단위로 삼습니다. 보통 72가지 정도 됩니다.(아길-96) 요소 환원주의이자 적취설이라고 할 수 있습니다. 이에 반해 무상·고·무아란 그러한 법들이 구성 요소로서 복잡하고 재빠르며 현란하게 조합되면서 생기는 부차적이고도 피상적인 현상이자 사회적·일반적 통념에 불과하게 됩니다. 결과적으로는 이것이 아비담마 철학의 주장이라고 평가할 수밖에 없습니다.

지금까지 살펴본 바에 의하면 아비담마 철학에서의 자체성질과 무상·고·무아는 '본질과 현상' 내지 '본체와 양태'로 구분해야 맞는 것이지 궁극과 보편으로 구분하는 것은 잘못된 것입니다. 물론 아비담마 철학을 주장하는 이들은 아비담마 철학은 무상·고·무아를 언제 어디서나 매우 중요하게 주장한다고 항변하겠지만 존재론의 기본 체제를 자체성질(自性)이라는 실체 철학으로 잘못 잡아 세웠기 때문에 어쩔 수 없이 무상·고·무아는 상대적으로 현상적인 개념으로 위치할 수밖에 없게 되었습니다. 그렇기 때문에 예컨대 아비담마 철학의 무아는 법무아(法無我, 존재 전체에 실체 없음)가 아니라 인무아(人無我, 사람에게만 실체 없음)만을 주장하는 것이라고 후대 대승의 올바른 지적을 받게 된 것입니다.

아비담마 철학의 본체에 해당하는 설일체유부(說一切有部, 모든 것은 있다고 주장하는 부파)가 주장한 '법의 실체는 항상 존재한다.'(法體恒有)에서 '법의 실체'가 바로 자체성질입니다. 법들은 무상하지만 법의 실체인 자체성질은 영원불변하게 있다는 말입니다. 그러므로 아비담마 철학에서도 법은 무아가 아니라 실체가 있다고 스스로 주장하고 있는 것입니다.

결론적으로 아비담마 철학의 중대한 실수는 법을 자체성질이라는 실체 개념을 통해서 해석하고 분류했다는 점입니다. 이 중대한 실수는 대승의 비판 사상, 그중에서도 공사상을 낳은 원인이 되어주었습니다.

부처님께서는 법을 자체성질이라는 개념으로 설명한 적이 없습니다. 자체성질이라는 단어조차 사용한 적이 없습니다. 자체성질이라는 용어는 외도들이 자신의 실체 사상을 설명할 때 쓰던 단어였습니다. 아비담마 철학의 주장에 입각해서 평하자면, 부처님께서는 법이라는 불교의 가장 핵심적인 단어를 제대로 설명해 줄 자체성질이라는 용어를 말하지 않음으로써 법에 대한 해명을 제대로 하지 않고 미흡한 가르침을 남긴 채 떠난 셈이 됩니다.

그러나 부처님께서는 당신이 표명한 것은 표명한 대로 수지하고 표명하지 않은 것은 표명하지 않은 대로 수지하라고 말씀하셨습니다.(초맛2-616) 아비담마 철학은 이 말씀을 소홀하게 여겼기 때문에 중대한 실수를 저질렀고, 후대에 많은 삿된 사상들이 피어나게 하는 원인 제공자가 되었다고 평할 수 있을 것입니다.

이상과 같이 아비담마 철학의 자체성질에 대해서 길게 설명한 이유는 반야심경의 저술 목적이 이 자체성질을 부정하기 위한 것이었기 때문입니다. 이미 첫 줄에 잘 드러나 있습니다. 그러므로 자체성질의 문제점인 법의 실체화에 대한 문제의식을 갖는다면 반야심경으로 들어가기에 충분한 기본자세를 갖추었다고 볼 수 있을 것입니다.

덧붙이자면, 반야심경에 대한 문헌적 이해나 전통적인 자세한 문구 해석 등은 여러 책자들에서 잘 연구되고 설명되었으므로 여기에서 번다하게 거론하지는 않았습니다. 다만 제가 보기에 기존에 부족하게 설명되었거나 왜곡되었다고 생각되는 부분만을 다루려고 했습니다.

반야바라밀다심경

般若波羅密多心經
Vajracchedikā Prajñāpāramitā Sūtra
알아차림으로 도착하기의 심장 가닥

관자재[116]보살님이 심오하게 알아차림으로 도착하기를 닦을 적에, 다섯 덩어리들(五蘊)의 그 자체성질[117]이 비었음을 (śūnyān, 空) 비춰보고 모든 괴로움에서 벗어났습니다.[118]

사리불이여! 방해물(色)이 '빈 상태'[119]와 다르지 않고 빈 상태가 방해물과 다르지 않아서,[120] 방해물이 곧 빈 상태요 빈 상태가 곧 방해물이니, 느낌과 인지와 형성작용과 식별도 그러합니다.[121]

사리불이여! '모든 법의 빈 상태의 특징은'[122] 생겨나지도 않고 없어지지도 않으며, 더럽지도 않고 깨끗하지도 않으며, 늘지도 않고 줄지도 않습니다. 그러므로 빈 상태에서는 방해물도 없고[123] 느낌과 인지와 형성작용들과 식별도 없으며, 눈과 귀와 코와 혀와 몸과 정신도 없으며, 방해물과 소리와 냄새와 맛과 촉경과 법도 없으며, 눈의 경계도 없고, 나아가 의식의 경계도 없으며, 깜깜모름(無明)도 없고 깜깜모름이 끝나는 것도 없으며, 나아가 늙고 죽음도 없고 늙고 죽음이 끝나는 것도 없으며, 괴로움과 괴로움이 같이 일어남과 괴로움의 소멸과 괴로움을 소멸시키는 길도 없으며, 지혜도 없고 얻을 것도 없습니다. 얻을 것이 없기에 '보살은 알아차림으로 도착하기를 의지하여'[124] 마음에 걸림이 없고 걸림이 없으므로 두려울 것도 없나니, 뒤바뀐 헛생각을 멀리 떠나 마침내 꺼지게 됩니다. 과거와 현재와 미래의 모든 부처님도 이 알아차림으로 도착하기를 의지하여 위없고 바르며 같은 깨달음을 얻습니다.

그러므로 알아차림으로 도착하기는 가장 묘한 진언이며, 가장 밝은 진언이며, 가장 높은 진언이며, 상대 없는 진언이니, 모든 괴로움을 없애 주며 진실하여 헛되지 않음을 아십시오. 그러기에 '알아차림으로 도착하기에 대한'[125] 진언을 말해주겠습니다.

진언을 바로 말합니다.

간 이여, 간 이여,

건너간 이여,

같이 건너간 이여,

깨달음 만만세!

(아제 아제 바라 아제 바라승 아제 모지 사바하)[126]

해설

작은 비움 가닥

큰 비움 가닥

금강경

반야심경

작은 비움 가닥

I 가닥 sutta, 經

'경'의 본래적인 개념은 '가닥', 정확히는 '실가닥'을 의미했다.(규제집의 사타 제26조) 그래서 한역도 좀 편협하지만 날줄을 의미하는 '經'으로 한역했다. 이것을 부처님께서는 이야기의 가장 기본적이고도 가장 작은 단위로 쓰셨다. 격의법으로 쓰신 것이다.

sutta는 요즘 우리말로 '이야기 한 토막' 혹은 '이야기 한 단락' 할 때의 토막이나 단락과 같은 단위 명사일 뿐이었다. 분류를 위한 단위 명사였기 때문에 부처님뿐만 아니라 제자들 혹은 천신들의 이야기도 가닥(經)으로 다루어졌다.

그러던 것이 후대에는 '부처님 말씀 한 권' 정도의 의미로 이해되었다. 예컨대 대승 경전인 『대방광불화엄경』처럼 부처님 시대에는 나올 수 없는 제목이자 분류 단위도 등장했다. 또한 선불교에서 『육조단경』을 부처님 말씀에 버금가는 위대한 말씀이기에 어록임에도 경이라고 칭했다는 해설들은 경이라는 근본 쓰임새를 모르는 문화에서 나온 곡해이다.

한편, 규제집(律藏)의 경분별(sutta vibhaṅga, 經分別, 가닥 지어 분별함)에서 sutta는 범행 조목을 의미하는데 하나의 가닥이 하나의 조목이라는 말이다. 그래서 경분별이란 범행 조목들을 가닥가닥 분류하고 해설하는 부분이라는 뜻이다. sutta의 격의 법을 알지 못했기 때문에 경분별이 무슨 의미인지도 밝혀지지 못했었다.

2   들렸습니다 sutaṁ

과거수동분사형으로 표현한 것은 들은 그대로 전할 뿐이라는 태도를 나타낸 것이라고 보인다. 목적격이나 여격이나 도구격으로 모두 해석이 가능한 '나에게'(me)라고 표현한 것에서 더욱 의미가 드러난다. 부처님 말씀을 자신의 주관적인 해석과 변형 없이 들린 대로 전해야 된다는 강조는 "고따마 대덕께서 말씀하신 대로 말하는 자들입니까? 사실이 아닌 것으로 고따마 대덕을 곡해하는 것은 아닙니까?"(초디1-421)라는 식의 표현들에서 확인할 수 있다.

또한 "말룽꺄뿟따여, 나에 의해 표명되지 않은 것은 표명되지 않은 것으로 수지하고, 나에 의해 표명된 것은 표명된 것으로 수지하십시오."(초맛2-616)라는 말씀을 통해서도 들린 대로 전승되어야 한다는 원칙과 강조를 재확인할 수 있다. 물론 극단적인 교조주의로 흘러가서는 안 되겠지만 적어도 결집이 시작될 때에 전승의 원칙은 극단적인 교조주의가 맞다고 보인다.

빨리어는 영어처럼 높임 어말어미가 없다. 여기에서 높임법으로 번역한 것은, 암송자 한 명이 대중 앞에서 대표로 암송하면 대중이 듣고 인정한 경우에 하나의 가닥(經)으로 채택되었으므로 대중 앞에서 높임법으로 발표했다고 봤기 때문이다.

'저'라는 겸양어도 우리나라라면 대중 앞에서 응당 써야 할 표현이다. 물론 세속인들에게 출가자 개인이 나 자신을 지칭할 때 함부로 낮춤말(예컨대, 소승, 빈도, 중 등)을 쓰는 것은 승잔 제13조의 경우처럼 세속의 신심을 더럽히고 어지럽힐 수 있다. 스님이란 개인으로 귀의 받는 것이 아니라 대중의 일원으로 귀의 받는 것이므로 자신을 함부로 낮추다가 대중까지 낮춰지는 결과를 초래할 수 있기 때문이다. 그러나 '저'라는 정도의 겸양어는 세속인들에게 쓴다고 해서 세속인들의 신심을 더럽힌다고 보기는 힘든 것 같다.

아울러 부처님의 어법 또한 정중함, 단호함, 간명함, 차분함 등의 어조로 군더더기 없이 한결같이 펼쳐졌기 때문에 직제자에게든 재가자에게든 응당 높임법을 쓰셨을 것이라 보고 높임법으로 번역했다.

3   녹자모 Migāra-mātu, 鹿子母

여신도 위사카(Visākhā)의 별칭. 위사카의 시아버지인 녹자 (Migāra, 사슴 같은 이)는 자이나교 신도였다가 위사카의 권유로 부처님의 말씀을 듣고 예류자가 되어 불법승에 귀의하게 된다. 이것을 계기로 자신이 거듭나게 되었다고 여기고서 며느리인 위사카를 어머니(mātu)라 불렀기에 '녹자의 어머니'라는 뜻인 녹자모라는 별칭이 생겼다.

4   거처하십니다 viharati

가닥들은 전체에 걸쳐 도입부에서 현재형을 기본적으로 사용하고 있다. 빨리어가 현재형으로 과거를 표현하는 일이 종종 있지만, 여기에서는 나레이터가 현장감과 현실적 몰입감을 주기 위해 옛이야기를 현재형으로 설명하는 것처럼 보인다. 부처님께서 최근까지 살아 계신 것 같은 효과를 주기도 한다.

'한때'(ekaṁ samayaṁ)는 국어사전에서도 '어느 한 시기'라고 풀이되었고 이것은 빨리어 원어를 직역한 풀이이기도 하다.

'옛날에~'와는 다른 표현이다. 오히려 '최근에' 혹은 '방금 전에'에 가깝다.

'거처하십니다'의 명사형은 '거처'(vihāra)이고 '精舍'로 한역되었다. 요즘의 사원, 사찰, 절의 원어에 해당한다. 격의법으로 쓰인 단어 중 하나다. 고정됨(三昧)의 어느 경지에 머무는 것도 거처한다고 표현되었다.

5 따로 머물기 paṭisallāna, 獨坐

'낱낱이(paṭisaṁ) 붙다, 정착하다(√lī)'로 파자된다. 각묵 스님은 '홀로 앉음에서'로, 전재성 박사는 '홀로 명상하다가'로 번역했다. '앉음'이라고 행법을 한정하는 것은 좁은 의미의 번역이며, 고정됨(三昧)의 하나인 명상으로 단정하는 것도 편협한 번역이다. '홀로 있기', '제각각 머물기' 등으로 번역할 수도 있겠다.

이 용어에서 알 수 있듯이 대중이 모여 앉는 것은 부처님의 지도법이 아니었다. 밀집된 집단수행과 획일적인 집체교육의 부작용을 돌아볼 필요가 있을 것이다.

6 다가갑니다 upasaṅkami

upasaṅkami는 3인칭 단수 아오리스트형(aor.)이다.

빨리어의 과거시제는 세 가지가 있다.

① 첫 번째로 부정과거(impf.)가 있다. 영어로는 미완료(imperfect)라고 번역되지만 고대 범어 문법의 집대성자인 파니니의 'an-adyatana (bhūta)'를 서양 학자들이 자기들 식으로 어설프게 번역한 것이다. 범어는 '오늘이 아닌(an-adyatana), 있었던 일(bhūta)'이라는 뜻이다. 어제까지의 과거, 다시 말해 어제 이전의 모든 과거를 나타내는 시제다. 우리말로 '오늘 전 과거'라고 제안하고 싶다.

② 두 번째로 아오리스트가 있다. 희랍어인 아오리스트는 '아님(a) 한정(horistos)'으로 파자된다. 원래 한정할 수 없는 과거를 말하는 희랍어의 과거시제에 해당한다. 그래서 아오리스트는 과거의 어느 시점이든 상관없이 널리 쓰이는 과거 시제법이다. 그러나 첫 번째의 과거 시제가 '오늘 전 과거'이므로 오늘 있었던 과거를 표현할 시제가 있어야 한다. 현재시제가 표현할 수도 있지만 과거의 뉘앙스를 온전히 살리긴 어렵다고 보인다. 그래서 오늘 있었던 일을 표현할 시제로 아오리스트를 사용했다.(『팔리어 문법』 김형준 옮김, 연기사, 2001, 275p.) 아오리스트의 원래 원어는 'adyatana (bhūta)'인데 서양 학자들이 어설프게 번역한 것이다. 'adyatana bhūta'를 풀이하자면 '오늘(adyatana) 있었던 일(bhūta)'이라는 뜻이다. 다시 말해 과거이긴 하지만 오늘에 한정된 과거를 말한다. 우리말로 '오늘의 과거'라고 제안

하고 싶다.

③ 세 번째로 과거완료 시제(perfect, 줄여서 perf.)가 있다. 파니니의 'parokṣana(bhūta)'를 서양학자들이 잘못 옮긴 표현이다. 빨리어에는 완료형이 없기 때문이다. 원래는 '남이 겪은(parokṣana), 있었던 일(bhūta)'이라는 의미다. 다시 말해 과거에 있었던 일 중에 말하는 자신이 그 자리에서 직접 보고 듣고 경험한 일이 아닌 것, 즉 화자가 그 자리에 없었던 비교적 먼 과거 일에 대한 표현이다. 우리말로 '타인의 과거'라고 제안하고 싶다.

위의 세 가지 과거 시제들은 동사의 어미 변화가 각기 다른 변화형으로 정해져 있다. 이것을 밝힌 문법가인 파니니가 기원전 4세기 중엽의 인물이므로 고대 범어나 빨리어에서는 기본적으로 구분되어 사용되었다고 보인다. 후대로 갈수록 부정과거나 아오리스트는 구분되지 않는 경향이 생겼다고는 하지만 부처님 당시에는 좀 더 구분되어 쓰였을 것이다. 그러므로 경전에서 아오리스트 과거형으로 쓰인 동사는 오늘 있었던 일에 대해서 말하는 뉘앙스를 가졌다고 보인다.

더군다나 현재형과도 어울리며 쓰인 것을 보면 과거라고 해도 '방금 전'이나 '아까' 있었던, 최근의 현재 시간대에 벌어진 일인 것 같은 뉘앙스를 풍기는 화법이라고 여겨진다. 예컨대 '부처님께서 부르시는데요.' '거기에서 세존께서는 다섯으로 무리 지은 비구들을 부르시는 겁니다.'와 같은 과거 표현인 것이

다. 이러한 화법은 부처님께서 마치 조금 전에 살아서 활동하시
며 말씀하셨던 것처럼 생생하게 느껴지게 하는 효과를 가진다.
불법이 항상 현재를 강조하는 것과도 맥락을 같이한다.

　　그러나 우리나라 어법에서는 이러한 구분을 나타낼 수 있
는 별도의 과거 표현 문법이 없다. 물론 아오리스트형은 단순
하게 과거형(~했다)으로 번역하면 무난하다. 다만 앞에서 언급
한 대로 아오리스트형은 현재와 밀접한 과거를 나타낼 뿐만 아
니라 현재형과 어울리며 쓰이므로 과거형보다 차라리 현재형
으로 표현해 볼 만하다. 본문에서도 현재형의 문장과 아오리스
트의 문장의 시간대가 같다. 더군다나 우리말의 현재 평서형은
(예컨대 '그가 부처님께 다가갑니다.'처럼) 직전의 과거형과 현재 진
행형까지 표현할 수도 있다고 여겨지므로 실험 삼아 경전 서두
의 아오리스트형을 현재 평서형으로 번역하였다. 처음엔 약간
어색할 수도 있지만 익숙해지면 자연스러운 표현으로 받아들
이게 될 것이다. 하지만 서두를 제외하고 문맥상 어색한 경우엔
과거형으로 번역하였다.

7　예경을 드리고 abhivādetvā

'높이는(abhi) 주장하다(√vad)'로 파자된다. 구체적인 행법은
밝히기 어렵다. 아마도 나라별로, 계층별로 달랐으리라 여겨진

다. 부처님께 귀의하지 않는 외도라도 부처님을 처음 만났을 때 하는 예법에도 쓰는 표현이다.

그러나 부처님께서는 외도의 무리에 찾아가는 경우일 때에도 예경을 드리는 모습을 보이지 않는다.(초디1-458) 찾아오는 외도들에게도 예경을 드리지는 않았다. 그러므로 '예경을 드리고'는 단순히 인사말을 주고받는다는 표현은 아니다. 그 정도의 인사말은 환담(sammodanīyaṁ kathaṁ)이라고 표현되었고 부처님도 그런 환담은 하셨다.

그런데 대승 경전에서는 '정수리로 부처님 발에 예경을 드리고 오른쪽으로 세 번 돌고서'(頂禮佛足 右繞三匝)라는 행법이 정형구로 흔히 묘사된다. 하지만 근본 경전에서는 드물게 나타난다. 예컨대, 빠세나디 왕이 부처님 발에 머리를 조아리는 절을 올리자 부처님께서는 '무슨 이유로 최상의 존경을 표하십니까?'라고 물으신 것을 보면 자주 일상적으로 행한 예법이 아님을 알 수 있다.(초맛3-374)

이 예법은 최근까지 인도에서 설날에 부모님께 올리거나 스승에게 올리는 최고로 지극한 예경법이다. 부처님께서 창안하거나 불교 전통에서 생겨난 예법이 아니라 인도의 고대에서부터 행해지던 예법이었고 신도가 부처님이나 제자들에게 예를 표하면 받았을 뿐이었다.

자신의 가장 높고 귀한 머리로 상대의 가장 낮고 천한 발에 갖다 댐으로써 지극한 존경을 나타내는 예법이며 왼쪽은 뒷물하는 더러운 왼손이 있는 쪽이므로 오른손을 상대 쪽으로 향하며 세 번 도는 것이다. 그런데 '오른쪽으로 도는'(padakkhiṇa) 예법은 처음 만났을 때 하는 것이 아니라 마지막 떠날 때 하는 예법이다.(초맛3-381, 초맛4-570, 초디1-566. 大正2-25, 大正2-684) 그러므로 대승 경전의 초입에 만날 때 하는 예법의 정형구로 우요삼잡이 나타나는 것은 부처님 당시의 예법을 모르는 후대의 작품임을 알려주고 있다.

부처님께만 드리는 예법은 따로 없었다. 다만 부처님과 비구 제자들이 같이 있는 경우는 부처님께 예경을 드린 후 비구 대중에게는 합장만 하기도 했다.(초디1-195)『아나타삔디까를 교계함 가닥』(M143)을 보면 부처님과 똑같이 사리뿟다에게도 '발에 머리 조아려 절을 올리고'라는 예경을 드리는 모습을 볼 수 있다.(초맛4-536) 이때 '절을 올리고'에 해당하는 원어는 'vandati'이다.

그런데 우리나라에서는 중국 문헌에서 나오는 삼배(三拜)라는 한문 표현을 큰절 세 번을 의미한다고 잘못 해석했기 때문에 스님에게 큰절 세 번을 올리고 있다. 그러나 중국 문헌에서 3배니 9배니 하는 예법은 엎드렸다 일어섰다를 3번 혹은 9번 하는 것이 아니라 엎드린 채로 이마를 땅에 3번 혹은 9번 대며 조아린다는 말이었다. 엎드렸다 일어섰다를 3번 반복하는 것은 적어도 현대의 문화에서는 지나친 예법이다. 정자(程子)는 '예법이 지나치면 멀어진다.'(禮勝則離) 했고, '극례는 비례'(極禮則非禮)라는 말도 있다. 반면에, 지나친 예법에 대한 반감은 아예 절을 하지 말라고 하는 극단적인 문화로도 이어지고 있다.

부처님의 예법에 대한 '중간 행보'(中道)를 말해 본다면 새로운 예법을 창안하지 않고 기존의 관습적인 예법을 따랐지만 그것을 강요하지는 않았다. 그들의 공경심대로, 그들의 공경법대로 맡기어서 그들이 예경을 드리면 묵연히 받기는 했다. 친견하러 온 세속인들이 예법 없이 그냥 자리에 앉는다고 해서 나무라지는 않았지만(초디1-330) 의도적으로 무례한 자세를 취하는 방문객에게는 법을 설하지도 않았고 꾸중하는 경우도 있었다.

남방불교에서는 앉은 채로 엎드리며 3번 고두례(叩頭禮, 이마에 합장하며 머리를 조아리는 예법)를 하고 있다. 지금의 남방처럼 중간에 허리를 일으켜 세우라는 법은 따로 없었다. 일어나거나 허리를 세울 것도 없이 다만 엎드린 채로 '고두 3배'를 개인별로 하면 적법한 예법이라 할 것 같다.

참고로, '절하다'로 번역되는 다른 단어로 namassati(초디 3-312, D3-180)는 합장하고 고개나 몸을 숙이는 '예배드리다' 정도의 용어로 보인다.

8 비움으로 거처하기로써 suññatā vihārena

suññatā는 suñña(비었음)의 추상명사형이 아니라 suññata(비움)의 탈격형 도구격(~로써, ~을 통해서)이다. suñña의 탈격(~로부터)은 suññato이다. 예컨대 '空三昧'로 한역되는 원어는 'suññato samādhi'이므로 '비었음으로 고정됨'이라고 번역해야 한다. suñña의 추상명사형으로서의 suññatā(空性, 빈 상태)는 근본경전에서는 쓰이지 않은 용어다. 이것은 후대 『중론』과 같은 공사상에서 '따라서 같이 생겨남'(緣起) 내지 '중간 행보'(中道)와 동의어로 쓰면서 사용되다가 이후의 대승에서 존재론적 실체인 불성이나 진여나 여래장과 동의어로 쓰이기까지 한다.

suññata의 도구격으로서의 suññatā는 '비움으로 마음이 풀려남'(suññatā ceto vimutti, 空心解脫)이라는 구문으로 많이 쓰인다. 이러한 탈격형 도구격은 같은 유형의 다른 구문에서도 나타난다. '인상 없음으로 마음이 풀려남'(animittā ceto vimutti, 無相心解脫) '아무것도 없음으로 마음이 풀려남'(ākiñcaññā ceto vimutti, 無所有心解脫) '부동함으로 마음이 풀려남'(akuppā ceto vimutti, 不動心解脫) '무량함으로 마음이 풀려남'(appamāṇā ceto vimutti, 無量心解脫) '커짐으로 마음이 풀려남'(mahaggatā ceto vimutti) 등에서 확인할 수 있다.(초상4-589, S4-296, S41:7)

또한 수단과 이유를 나타내는 도구격으로서의 suññatā는 다음의 문맥에서도 그 쓰임새가 잘 드러난다. "사리뿟따여, 대장부의 거처는 '이것 때문인데'(hi esa), 그중에서도(yadidaṁ) '비움 때문입니다'(suññatā). '그 때문에 여기에서'(tasmāt iha) 사리뿟따여..."(초맛4-608, M3-294)

9 그것이 etaṁ

부처님의 말씀을 나타내는 '그것이'가 주격으로 표현되고 이후 '들렸고' '파악됐고'처럼 동사들이 과거수동분사형으로 표현되었다. 이것은 가닥의 서두에 '이와 같이 저에게 들렸습니다.'라는 문장의 성격을 잘 설명해 주고 있다. '듣다'의 주어가 '나'가 아니라 부처님 말씀인 것이다.

10 금덩이나 가공된 것 jātarūpa rajata

'금덩이'는 제품화되지 않은 금덩어리를 말하고 '가공된 것'이란 화폐의 용도로 가공된 것을 말한다.(비급-235)

11 비우지 않은 asuññataṁ

부정접두어 'a'(非, 無)와 suññata의 중성명사 주격인 'suññataṁ'

이 결합된 단어다. 본문에서 '비우지 않은' 앞에 '비었으나'에 해당하는 단어는 'suñña'의 주격인 'suñño'이다.

비었음(suñña)의 기본적인 뜻은 '특정 대상의 없어짐 혹은 부재(不在)'를 뜻한다. 쉽게 말해서 특정 대상을 자기 마음에서 지워낸다는 말이다. 이것이 부처님께서 사용하신 suñña의 가장 기본적인 뜻이다. 그런데 이렇게 비었음을 실현하며 지워낸 행위가 'suññata', 즉 '비움'이라고 표현되고 있다.

'비우지 않은'을 직역하자면 '비움이 없는'이라 할 수 있고 이것은 비었음을 실현시키지 않았다는 의미다. 그 결과 특정 대상이 아직 마음에 남아 있게 된 것이다. 후대의 표현에 의하면 '공 아님이 없다.'라고 말하곤 한다. 그러므로 두두물물이 공이요, 공이 곧 두두물물이다. 그러나 근본 가르침에 의하면 본문처럼 공 아닌 것, 즉 비우지 않은 것이 있다. 바로 이 지점이 근본 가르침과 후대의 공사상에서 비움 혹은 공성의 쓰임새에 대한 뚜렷한 차이점을 드러내 준다.

부처님께서 이러한 의미로 사용한 단어인 'suñña'(비었음)에 추상명사 어미인 '-tā'(-성질, -상태)를 붙인 'suññatā'라는 단어가 후대에 만들어졌고 한역으로는 空性(빈 상태)으로 번역되었다. 부처님께서는 쓰신 적이 없었으나 대승불교에서 애용된 이 단어는 그 추상성으로 말미암아 존재론적인 본질 상태를 의미하는 용어로 변질되었다. 그 결과 대승의 관념적 일원론의 실체를 회통하는 개념의 용어로 굳어지게 된다.(대끝-349~) 이러한 suñña나 suññata의 개념 왜곡의 흐름은 '불교 사상사는 개념 왜곡의 역사'라는 평가를 뒷받침하는 증거의 하나가 될 수 있을 것이다.

12 그중에서도 yadidaṁ

'그중에서도' 뒤에는 비우지 않은 것들 중에 하나가 표현된다. 계속해서 이어지는 문단들을 보면 점점 단계가 높아지면서 비우지 않은 대상들이 하나씩 거론된다는 것을 알 수 있다. 비구 대중만 비우지 않은 것이 아니다. 그렇기 때문에 '그중에서도'라는 접속사가 쓰인 것이다. 'yadidaṁ'을 더 정확하게 설명하자면 '콕 찍어서 선명하게 말하자면'이라는 뜻의 접속사다. 완전히 일치하는 동의어를 연결하는 접속사가 아니라 강조하며 부각시키는 접속사다. '곧' 혹은 '즉'이라는 일치형 접속사는 'yathayidaṁ'이다. 반면에 yadidaṁ은 가장 적절한 것을 짚어 주기는 하지만 다른 여지를 남기는 접속사다. 이 접속사 하나를 제대로 파악하지 못하고 '즉'이라고 파악했기 때문에 '불법 승 3보'라는 왜곡된 표현이 횡행했던 것이며(대끝-146) '12고리의 따라서 같이 생겨난 법들'(十二緣起法, dvādasa paṭicca-sam-uppanna dhammā)이 곧 '따라서 같이 생겨남'(緣起, paṭicca-sam-uppāda)이라고 해석하게 되었다.(대끝-278) 게다가 '네 가지 상기의 출발점들'(四念處)은 외통길(ekāyana magga)인데도 유일한 길이라고 오판하게 된 이유도 '그중에서도'라는 접속사를 정확히 몰랐기 때문이었다.(비급-35)

yadidaṁ은 '특히'라고도 번역할 수 있는데, 아마도 불교 교리를 파악하는 데 있어서 접속사 중에서 가장 중요한 접속사일 것이다.

13 하나됨 ekatta

'하나(eka) 추상명사 어미(-tta)'로 파자된다. 초맛4-443에서 하나됨은 무방해물의 네 가지 영역들 각각을 설명하는 말로 나온다. 다른 것은 떠올리지 않고 마음이 오로지 어느 하나에만 고정된 상태를 나타내는 말이다. '단일성'이라고 번역할 수도 있겠다.

14 인지함 saññā, 想

'같이(sam) 알다(√jñā)'로 파자된다. 결과론적으로 '관념과 같이 안다'는 말이다. 관념은 인상(nimitta, 相)과 개념으로 이루어졌는데 우리에게 저장된 정신적인 내용물이라고 할 수 있다. 이러한 관념은 인지와 거의 일치하는 용어다. 다만 인지가 '인지하다'(sañjānāti)라는 동사의 명사형이라고 정의되었기 때문에 관념에 앎의 작용까지 덧붙인 것을 인지라고 보면 된다. 그래서 인지의 동사적 작용이 강한 문맥에서는 '인지함'이라고 번역하는 것이 이해를 쉽게 한다.

인류는 상식적으로 나뭇잎의 푸른색이 우리의 주관에 상관없이 나뭇잎에 붙어 있을 것이라고 생각해 왔다. 그러나 의학의 발달로 인해 이제는 녹색이란 빛이나 각막을 거쳐서 망막에 맺힌 인상을 시신경이 뇌에 전달하여 파악된 색이라는 것을 알게 되었다. 그러므로 객관적인 나뭇잎 색깔은 알 수 없는 것이다. 나뭇잎의 모양 또한 대기질이나 각막의 구조에 따라 변형되어 망막에 맺힌 인상에 불과하다. 이렇게 망막에 맺힌 녹색의 인상을 파악한 것을 녹색을 인지했다고 하는 것이다. 나머지 감각기관을 통한 인지도 이에 준해서 이해하면 될 것이다. 위에서 말한 녹색이라는 감각정보는 정신(mano, 意)에 귀속되는 관념의 하나이다. 그런데 그 녹색이 최초의 관념으로 기억되었다면 다음에 녹색 종류의 것을 보았을 때 그것도 녹색이라고 연결해서 규정하게 된다. 이렇게 관념의 과정을 통해 파악하는 것을 인지라고 한다. 그리고 이런 인지가 개입된 세상이 부처님께서 다루는 세상이다.

칸트는 우리의 인식(인지+식별)이 대상에 의해 성립하는 것이 아니라 우리 내면에 있는 선천적인 형식들, 그중에서도 관념의 틀이라고 할 수 있는 오성의 12범주에 의해 성립한다고 주장했다. 이렇게 인식 성립의 원인과 중심을 외부 대상에서 찾지 않고 갖춰진 내부 형식에서 찾았다고 해서 코페르니쿠스적 전환이라 칭했다. 이렇게 서양철학에서는 18세기에 와서야 칸트에 의해 코페르니쿠스적 전환이 이루어졌지만 부처님께서는 이미 2천 300년 전에 그와 같은 사상적 전환을 이루었던 것이다.

한편 『청정도론』에서는 인지(想)와 식별(識)과 알아차림(慧)을 구분해서 설명한다.(청론2-403) 예컨대 어린애와 농부와 세공사가 동전 더미를 파악하는데, 어린애는 동전 더미를 네모나거나 둥글다는 정도로만 알고, 농부는 그것을 넘어서 진짜와 가짜 등의 가치까지 구분해서 알고, 세공사는 그 이상의 모든 것을 간파하며 생산지와 생산자까지도 안다. 여기서 어린애는 인지 수준으로 아는 것이고 농부는 식별 수준으로 아는 것이며 세공사는 알아차림 수준으로 아는 것이라 한다. 이러한 설명은 어느 정도 맞는 부분도 있지만 부정확하고 편협하다.

인지가 인상을 통해 대상을 파악하는 것이라는 설명은 옳다.(청론2-461) 그러나 인지는 인상을 통한 일차적인 파악만을 의미하지는 않는다. 예컨대 '세상에 즐길 것이 없다고 인지함'에서(초디3-531) '세상' '즐길 것' '없다' 등의 명칭과 개념을 관넘적으로 규정하며 아는 것도 인지하는 것이다.『청정도론』에서는 인상을 파악하는 단순한 인지를 넘어서 그 인상의 무상함, 괴로움, '자기 없음'(無我)을 통찰하는 것을 식별이라고 하고 더나아가 깨달음에 이르게 하는 앎을 알아차림이라고 했다.(청론 2-403)

그러나 이 셋의 구분은 앎의 대상과 내용으로 구분되는 것이 아니라 아는 과정의 성질과 작용의 측면으로 구분되는 것이다. 인지는 대상이 관념화되며 아는 것과 그 관념을 다시 사용하며 아는 측면을 말하는 것이고 식별은 대상들을 비교대조, 차별분석 하며 아는 측면을 말하는 것이며 알아차림은 그 대상의 본질 내지 변화를 즉각적으로 꿰뚫듯이 직접 아는 것을 말하는 것이다.

예컨대 '아무개는 착한 사람이다.'라는 명제가 따지고 분석하면서 이루어진다면 식별한 앎인 것이고, 그 명제가 관념으로 각인되어서 나쁘게 변해 버린 그 아무개를 보더라도 그 명제를 적용하며 '아무개는 착한 사람이다.'라고 규정한다면 인지하는 앎인 것이다. 한편, 실제로 착한 아무개를 보자마자 따져 보지도 않고 '아무개는 착한 사람이다.'라고 꿰뚫어 봤다면 그 앎은 알아차림이다. 나아가 나쁘게 변하면 변한 대로 곧바로 '아무개는 나쁜 사람이다.'라고 꿰뚫어 봤다면 그것도 알아차렸다고 할 만한 앎이다.

무상함, 괴로움, 자기 없음도 따지고 분석해서 아는 식별의 차원이 있고, 관념화된 개념으로 아는 인지의 차원도 있으며, 직접적으로 꿰뚫어 아는 알아차림의 차원도 있다. 이렇게 인지, 식별, 알아차림은 감지(感知)의 뜻인 느낌과 더불어 앎의 4차원이라고 할 수 있다.

그런데 『청정도론』을 인용하면서도 인지를 '뭉뚱그려서 아는 것'이라고 규정하는 것은(아길-200) 인지와 식별의 종류가 같다는 『청정도론』(청론2-461)의 설명과 맞지 않는다. 물론 인지와 식별은 분립 불가능하다는 경전의 말이 둘의 종류가 완전히 일치한다는 말이라고 단정할 수는 없다. 다만 뭉뚱그려 아는 것은 인지 중에서도 명칭의 집약하는 성질만으로 규정한 것이어서 편협한 규정이다. 또한 명칭은 식별의 결정체이기도 하기 때문에 인지만의 규정으로 쓰이는 것은 적절하지 않다.

북방 아비담마 철학인 설일체유부를 계승, 발전시킨 남방 아비담마 철학인 테라와다(상좌부) 불교는 17단계로 된 '마음의 진행 과정'(vīthi-citta)을 주장했다.(아길-357) 그러나 마음, 식별, 정신을 동의어로 보는 남방 상좌부는 위의 설명처럼 인지와 식별의 개념을 불분명하게 규정했기 때문에 그 여파로 17단계 또한 마음 진행 과정인지, 인지 진행 과정인지, 식별 진행 과정인지 애매하게 뒤섞인 채로 주장하게 된다. 다만 그 17단계를 어떤 과정이라 부르든 그런 주장은 부처님 말씀에 근거하지 않은

'망상적인 인지의 규정'(papañca saññā saṅkhā)일 뿐일 것이다.

　　체계망상이라고 할 수 있는 그 인지 체계가 고정관념으로 자리 잡으면 우리가 사물을 인지할 때마다 마치 그 단계에 맞춰 인지 과정이 진행하고 있는 것 같은 착각과 사고방식에 빠지게 된다. 부처님께서 표명하지 않은 것은 표명하지 않은 대로 지니라고 했다. 인지 과정의 정밀한 해명은 인지 과학에 맡기는 것이 좋을 것이다. 그리고 그러한 정밀한 지식이 깨달음으로 이끄는 수행의 중심에 놓일 필요는 없다고 할 것이다.

15　마음 citta, 心

본문에서 마음은 비움을 통해서 고정됨으로 향하는 진행 상태를 보이고 있다. 고정됨(三昧)이란 대상의 상태가 아니라 마음의 상태인 것으로, 보통은 하나의 대상(예컨대 지·수·화·풍·청·황·적·백 등) 혹은 일정한 범위의 대상들(예컨대 '네 가지 상기의 출발점들' 四念處)에만 주의를 기울여서 그 지속을 통해 마음이 응집되어 흔들림 없이 오롯하게 굳건해진 상태를 말한다. 다시 말해 대상은 고정하는 수단이자 계기일 뿐이고 고정되는 것은 결국 마음이 고정되는 것이다. 본문에서도 비움을 통해서 이루려는 것은 결국 마음의 고정됨 상태이다.

　　불교 사상사에서 마음만큼 왜곡이 심한 용어도 없으며 그 왜곡으로 인해 생긴 부작용보다 더 심한 부작용도 없을 것이다. 인지와 느낌은 마음의 씨줄과 날줄이다. 여러 씨줄과 날줄들이 얽혀서 다양한 피륙이 펼쳐지듯 여러 인지와 느낌들이 얽혀서 다양한 마음이 펼쳐진다. 그런데 아비담마 철학에서부터 대승에 이르기까지 마음의 본체를 따로 상정하고 여러 다양한 마음들이 파생되거나 수반하는 것으로 설명되었다. 그러므로 인지와 느낌도 마음에서 파생하거나 부수하는 요소일 뿐이었다. 이 오판의 기원은 12고리의 제2고리인 형성작용들의 설명을 오해한 것에서 비롯된 것이다. 거기에서 형성작용들은 몸-형성작용(kāya-saṅkhāra, 身行), 말-형성작용(vacī-saṅkhāra, 口行), 마음-형성작용(citta-saṅkhāra, 心行)으로 구분되어 제시된다.

말-형성작용이라는 합성어는 부처님의 정의에서 떠올리기(vitakka)와 살펴보기(vicāra)에 의한 '말을 형성시키는 작용'이라는 뜻임에 분명하다.("먼저 떠올리고 살펴본 뒤에 말을 터트립니다. 그래서 떠올리기와 살펴보기가 말-형성작용입니다." 초상4-584) 그러나 마음-형성작용은 "인지와 느낌은 마음에 관계된 것입니다. 이 법들은 마음-얽힘들입니다. 그러므로 인지와 느낌은 마음-형성작용입니다."(초상4-584)라고만 되어 있어 인지와 느낌이 마음을 형성한다는 것인지 마음이 인지와 느낌을 형성한다는 것인지 분명하지 않다. 몸-형성작용의 경우에도 인지와 느낌 대신에 들숨과 날숨이라는 용어로 대치될 뿐 동일한 문장으로 규정된다. 그러므로 몸-형성작용도 발생시키는 인과 관계가 분명치 않다. 이 불분명함이 불교 사상사를 뒤집어 놓은 것이다.

상식적으로 봤을 때, 발생론적인 인과 관계의 문맥에서 하나가 다수를 형성시킨다고 하기보다는 다수가 합쳐져서 다른 하나를 형성시킨다고 하는 것이 더 합당하다고 보인다. 더구나 이미 말-형성작용에서도 그러했기 때문에 나머지도 특별한 이유와 설명이 없는 한 그러한 인과 관계로 파악하는 것이 옳을 확률이 높다. 반증으로 인지와 느낌은 발생 기원이 접촉이라는 부처님의 규정이 있다.(초상4-209) 마음이 발생 기원이 아니다. 이어서 증명할 용어인 마음-얽힘들(citta-paṭibaddhā)도 얽혀서 무엇을 만들어 낸다는 문맥에서 쓰인 경우라면 다수의 것들이 얽혀서 다른 하나를 만들어 낸다고 했을 때 합당한 표현이 된다. 단일한 마음에서 다수인 인지와 느낌이 생겼다면 "그 법들은 '마음 파생들'입니다."로 표현해야 맞을 것이다.

전문적으로 증명하자면, 마음-형성작용을 설명하는 유일한 용어인 마음-얽힘들(citta-paṭibaddhā)의 원어를 분석해야 한다.

①먼저 얽힘(paṭibaddha)이라고 번역된 원어는 '~를 향하여(paṭi) 감아묶다(√bandh)'로 파자된다. 얽힘들(paṭibaddhā)이라고 중성 주격 복수형(-ā)으로 쓴 것을 보면 얽힘들의 주어는 중성 단수인 마음이 아니라 앞의 법들(dhammā, 중성명사 주격 복

수형임)임을 알 수 있고 법들이란 인지와 느낌을 말한다. 그러므로 마음-얽힘들이란 마음을 향하여 얽히며 형성시키는 인지와 느낌이라는 법들을 나타낸 것이다.

②비슷한 문장에서도 얽힘의 방향성이 증명된다. "나의 생계는 남에게 얽혀 있다."(para-paṭibaddhā me jivikā. A5-87, 초앙 6-195) 여기의 남-얽힘(para-paṭibaddhā)에서 얽힘은 남을 향하여 얽히는 것임을 알 수 있고 얽힘(paṭibaddhā)은 생계(jivikā)라는 여성 단수 주격 명사가 주어이기 때문에 그 주격(-ā)을 따른 것이다.

③얽힘의 방향성을 알 수 있는 다른 문장으로는 "식별은 여기에 의존하고 여기에 얽힙니다."(viññāṇa ettha sitaṁ ettha paṭibaddhan'ti. D1-76, 초디1-247)를 들 수 있다. 여기에서도 앞 단어인 '여기에'(ettha)를 향하여 얽힌다는 것이 확인된다.

④그렇다면 마음이 주어가 되어 '마음-얽힘'이라는 합성어를 만든다면 원어는 어떻게 표현될까? 그런 용례가 『숫따니빠따』에 나온다. "(친구들이나 동료들과 정을 나누며) 마음이 얽히면 뜻한 바를 잃게 하나니"(hāpeti atthaṁ paṭibaddha-citto. Sn-6, 한숫-412) 여기에서 '마음이 얽히면'(paṭibaddha-citto)처럼 마음이 주어가 될 경우에는 얽힘(paṭibaddha)의 뒤에 주격(citto)으로 붙어서 합성어를 만든다는 것을 알 수 있다.

이상과 같이 전문적인 차원에서 마음-얽힘이라는 합성어의 원어를 분석한 결과, '마음-형성작용'이란 일차적으로 '마음을 형성시키는 작용'이라는 뜻임이 밝혀졌다. 다만 마음-형성작용이란 마음이 곧 형성작용이라는 뜻과 마음이 형성시키는 작용이라는 뜻을 암시한다는 것에도 유념할 필요가 있을 것이다. 그리고 몸-형성작용도 동일한 논리가 적용되어야 할 것이다. 참고로, 현대 의학에서 호흡은 외호흡과 내호흡으로 나뉘는데, 외호흡은 코나 피부로 산소를 흡입하고 이산화탄소를 배출하는 것이고 내호흡은 피를 통해 산소를 공급하고 이산화탄소를 배출하는 것을 말한다. 그러므로 태아의 몸을 형성하는 것에 이르기까지 들숨과 날숨이 관여하는 것을 알 수 있다.

이제 마음-형성작용이란 인지와 느낌이 마음을 형성시키는 작용이라는 것이 확실해졌으므로 마음, 정신, 식별이 동의어라는 아비담마 철학의 오류도 확실해진다. 마음, 정신, 식별은 발생 기원, 작용, 소속, 종류가 모두 현격히 다른 것이다. 아래 도표로 정리해 보겠다.

구분	마음(citta 心)	정신(mano 意)	식별(viññāṇa 識)
발생기원	인지와 느낌	감각기능으로 갖춰져 있음	6내입처와 6외입처
작용	심리, 감정, 기분, 정서(내면에 형성된 성질)	대상을 파악하려 함과 생각을 짓는 기능	대상을 나누어서 앎(비교·대조/ 차별·분석)

소속	형성작용 덩어리 (行蘊)	형성작용 덩어리 (行蘊)	식별 덩어리 (識蘊)
종류	매우 다양함	하나	6가지 식별
상수멸에서	없음	있음	없음
공통점	대상을 아는 것에 관계됨		

　도표의 소속에서 보이듯이 마음과 정신 그리고 식별은 덩어리 자체가 다르다. 더 나아가 상수멸에서 뚜렷한 차이를 확인할 수 있다. 상수멸은 인지와 느낌이 소멸한 상태이므로 인지와 느낌의 결합으로 생성되는 마음이 있을 수 없다. 이렇게 상수멸은 마음의 상태가 아니기 때문에 마음의 고정됨(定)도 아니다. 그러므로 상수멸을 멸진정(滅盡定, 이것에 해당하는 부처님의 원어는 없다.)이라고 부르는 것도 잘못이다.

　나아가 상수멸을 포함해서 9차제정(九次第定)이라고 후대에 지은 법수도 잘못 지은 것이다. 또한 인지, 느낌, 식별은 각각 떨어져 존립할 수 없으므로(초맛2-296) 인지와 느낌이 소멸했다는 것은 식별 또한 소멸하고 작용하지 않는다는 말이다. 쉽게 말해 아무것도 식별할 수 없다는 뜻이다. 더 나아가 식별이 없다면 식별과 분립이 불가능한 알아차림(paññā, 慧) 또한 없는 것이어서(초맛2-293) 상수멸 속에서는 깨달음이란 불가능하고 빠져나온 후에야 가능하다는 부처님의 말씀이 입증된다.

　하지만 상수멸에서 정신은 다른 감각기능들과 함께 깨

끗하게 잔존해 있다.(초맛2-307) 이때의 정신은 '정신의 식별' (mano - viññāṇa), 즉 의식(意識)의 상태가 아니라 다만 정신 자체만이 오롯이 남아 있을 뿐, 어떤 대상도 없어서 어떤 식별 작용도 없는 정신 상태다. 이렇게 정신만이 남아 있기에 '모든 법들의 선구자'가 될 수도 있는 것이다.(한법-228)

마음의 발생 기원이 명확해지면서 아비담마 철학에서 '마음은 대상을 아는 것'이라고 규정한 것도 오류라는 것이 명확해진다. 마음이 성립했다는 것은 이미 인지와 느낌이라는 두 가지 앎이 동시에 관여되었다는 말이다. 그런데 앎(ñāṇa, 知)이란 인지 후에 생기는 것이기 때문에 대상을 아는 것으로서의 마음에서 인지가 생기거나 부수한다는 주장도 자체 오류다. 다만 인지도 앎이기 때문에 '인지하면서 반드시 앎도 생긴다'고 하는 좀 더 정확한 표현이 이어서 설명된다.(초디1-471)

물론 마음은 앎의 종류인 인지와 느낌이 결합하면서 생긴 것이기 때문에 앎의 성질이 당연히 수반한다. 거기에 느낌 및 인지와 분립이 불가능한 식별도 반드시 수반하기 때문에 마음이 앎에 관계된다는 것도 당연하다. 그러나 마음의 핵심 개념은 앎보다 심리, 감정, 기분, 정서 등이다.

참고로, 아비담마 철학에서 마음이 한 번에 하나의 대상만을 인식할 수 있다는 주장은 일반 상식으로도 납득되지 않지만 의학 상식으로도 맞지 않는다. 감각기관이 포착한 대상들에 대한 감각 정보는 신경세포에 의해 전달되는데 모든 정보가 모이는 뇌신경은 세포망(細胞網)이라고 부르듯이 정보 전달 고리인 시냅스들로 거미줄보다 훨씬 복잡하게 얽혀 있다. 그러므로 여러 대상들에 대한 정보들을 동시다발적으로 전달하고 교류하며 정리되고 처리된다는 사실을 알 수 있다. 과학이 밝혀낸 최소한의 진실은 받아들여야 한다. 고대 아비담마 철학의 마음에 대한 주장을 아직까지도 세뇌되어 주장하는 것은 이 시대에 천동설을 주장하는 것과 같은 것이다. 불교의 아비담마 철학으로의 퇴행이 걱정스럽다.

　　인류의 종교, 철학 내지 사상사를 통틀어 마음을 발생시키는 기원에 대해 인지와 느낌이라고 분석해서 단정적으로 명쾌하게 제시한 사람은 아마도 부처님밖에 없을 것이다. 이로써 마음을 본래부터 내면에 자리하고 있는 궁극적인 실재로 상정하고 나머지 모든 현상들을 그런 마음으로부터 파생하는 것으로 설명하는 실체론들은 부처님의 말씀이 아닌 삿된 견해라는 것이 명명백백하게 드러나게 되었다. 통달자의 단정적인 규정은 무겁고도 무섭게 숙고해 봐야 한다.

16　멈춰서고 santiṭṭhati

───────

'같이(sam) 서다(√sthā)'로 파자된다. '정지하다'는 뜻이다. 보통은 확고하게 고정되기 전 단계에 쓰이는 용어다. 이 용어는 본문처럼 고정됨을 이루게 하는 긍정적인 문맥에도 쓰이지만("안으로 마음이 멈춰서고 가라앉았으며 일정해져서 고정됩니다." 초맛1-509) 잡된 생각의 떠올림을 이루지 못하게 하는 부정적인 문맥에도 쓰인다. 대표적으로 중간 부류 제20번 제목은 '떠올림의 멈춰서기'(vitakka saṇṭhāna)이다. 그 내용은 "그러한 떠올림들은 떠올리는 형성작용의 멈춰서기에 정신을 기울여야 합니다."(초맛1-511, M1-120)라는 표현으로 나타난다.

17 인지 상태 saññā-gata

'인지가 관련된 상태', '인지의 계통'이라고 번역할 수도 있는 용어다. 접미사 -gata는 '-가 들어간'이라는 기본적인 뜻을 갖는데 어간에 해당하는 단어와의 관련, 계통, 파생을 나타낸다. 예컨대 '네 가지 상기의 출발점들'(四念處) 중에 신념처(身念處)의 신(身)은 단순히 몸을 의미하는 kāya가 아니라 kāya-gata이다. 그래서 '몸-관련'이라고 번역해야 하는 단어다. 호흡이나 자세 내지 행위는 몸이라고만 하기에는 의미의 범위가 다르기에 관련(-gata)이라는 접미사를 붙인 것이다.

덧붙여, 액체-계통(āpo-gata, 초맛1-676)이라는 단어도 접미사 -gata가 계열 내지 파생의 뜻임을 말해주고 있다. 또한 표준(su-gata, 善逝)이라는 단어도 '좋은 것(su)이 들어간(gata) 것' 혹은 '좋은 계통'이라고 파자되고 결국 이상적인 기준인 '표준' 을 의미한다.

18   없어진 na hoti

'없게 되다'라고 직역할 수 있다. 결국 사라지고 없게 되었다는 말이다. 그런데 이 '없어진'이 뒤의 '비었다'(suññaṁ)와 대등한 의미로 쓰이고 있다. 그러므로 '비었음'이란 기본적으로 '없어 짐'이라는 뜻임을 알 수 있다.

19   거듭거듭 알아봅니다 samanu-passati

'똑같이(sam) 잇따라(anu) 알아보다(√paś)'로 파자된다. '알아보 다'는 탐색과 확인과 통찰을 동시에 지닌 용어로 '찾아보다'와 '꿰뚫어 보다'라는 의미를 모두 지닌다. 여기서는 꿰뚫어 본다 는 의미를 좀 더 주되게 표현하고 있다.

20   생성된 대로 yathā bhūtaṁ, 如實

기존 번역어인 '있는 그대로'는 잘못된 것임이 잘 드러나는 문맥이다. 여기에서 비움이란 자기가 주관적으로 생성시키는 경지이자 인지 상태이기 때문이다. 개인적인 주관에 상관없이 객관적으로 변함없는 상태를 표현하는 '있는 그대로'라는 뜻과는 다르다. '생성된 대로'란 객관적이든 주관적이든 '생성된 상태에 따라서' 혹은 '되어 있는 대로'라는 말이다.(비급-297) 전라도 사투리로 '된대로'라고 한 단어로 표현할 수도 있겠다.

21 왜곡이 없고 a-vipallatthā

무언가 첨가했다면 왜곡의 우려가 있지만 지우고 남아 있는 것만을 알아차리기에 왜곡이 없다.

왜곡(vipallāsa)은 한역으로 전도(顚倒)라고 번역되었고 '인지의 왜곡'(saññā vipallāsa, 想顚倒)이라는 표현에도 쓰였다.

22 청정한 parisuddhā

없어질수록 깨끗해졌기 때문에 청정하다고 한다. 그러므로 청정에는 정도의 차이가 있다. 한편, 후대에 청정이라는 단어가 비었음(空)을 의미하는 경우가 많은데 근본 가르침에서 말미암았다는 것을 확인할 수 있다. 예컨대, 선어록에 나오는 '본래 청정한데 어떻게 산하대지가 홀연히 생겨났습니까?'(淸淨本然 云

何 忽生山河大地)에서의 '청정한데'는 '공한데'(비었는데)라고 바꿔 읽으면 쉽게 이해된다. 장수 스님의 이 질문에 대한 낭야 스님의 대답은 질문한 문장과 똑같이 기록되어 있다. 그러나 번역은 달리해야 한다. 즉, '본래 청정한데 어떻게 산하대지가 홀연히 생겨났겠는가?'라고. 이와 똑같은 문답이 『능엄경』(大正19-119)에도 나오지만 거기에서는 여래장이라는 청정한 본체와 현상세계와의 이분법적 관계에 대한 형이상학적 해명으로 다루어진다. 참고로, 서산 대사는 이 질문에 대해 "본래 청정하기 때문입니다."(淸淨本然故)라고 답했다고 한다. 근본불교의 표현으로 하자면 이 모두는 '자기 없이 따라서 같이 생겨남'의 다양한 표현양식일 뿐이라고 할 수 있겠다.

참고로, 앞의 '왜곡이 없고'와 '청정한'은 중성명사 단수 탈격형 도구격인 'suññatā'를 수식하기 때문에 모두 중성명사 단수 도구격을 취하고 있다. 'suññatā'가 추상명사인 '빈 상태'라는 의미로 쓰였다면 여성명사가 되기 때문에 수식하는 형용사의 격변화가 일치되어야 한다는 문법에 위배된다. 그러므로 'suññatā'는 추상명사(빈 상태)가 아니라 'suññata'(비움)의 도구격이다.

'아래로(ava) 걷다(√kram)'로 파자된다. 여기에서의 들어섬이
란 비움에 의한 인지 상태가 확고해져서 내 마음속에 자리 잡
은 것을 뜻한다. 한편, 여섯 기능들이 들어선다는 것은 윤회의
흐름에 들어선다는 뜻이다.(초상3-192) 또 다른 한편으로, 태어
남을 설명할 때의 들어섬(okkanti, avakkanti와 동의어임)은 수태
또는 입태를 뜻한다.(초상2-93)

　'비움으로 들어섬'에서 '비움으로'(suññatā)는 비움
(suññata)의 탈격형 도구격이다. 비었음(suñña)의 추상명사형인
suññatā(빈 상태)로 보는 것은 곤란하다. 그렇다면 어떤 추상적
인 존재 형태인 '빈 상태'가 들어섰다는 말로 한정되기 쉽지만
문맥상 비움을 통해 남아 있는 숲만이 현현하는 인지 상태이기
때문이다. 그러므로 그 어떤 것을 비움과 동시에 숲이 들어서
는 상태를 말하고 있는 것으로 봐야 한다. 물론 가닥의 후반처
럼 특정한 모든 것들을 다 비운 구경의 비움이라는 경지(꺼짐의
경지)도 있다. 이렇게 비움도 격의법으로 쓰였기 때문에 궁극의
차원에 이르기까지 다양한 차원의 스펙트럼을 가진다. 그러나
후대로 갈수록 수단으로서의 비움, 수행 과정으로서의 비움은
퇴색되고 궁극으로서의 비움, 존재 상태로서의 비움에 중심을
두고서 현학적인 담론만이 편협하게 횡행하게 된다.

24 생성됩니다 bhavati

이 용어의 명사형은 12연기의 제10고리인 '생성됨'(bhava, 有)이다. 본래 있는 그대로가 아닌 형성시킨 것임을 나타내고 있다.

25 비움의 순서

지금까지 비워내는 순서는 마소 → 비구 대중 → 마을, 인간 → 숲 → 땅 → 공무변처이다. 여기에서 땅에 마음이 고정되는 수행을 '땅의 온통'(paṭhavī-kasiṇa)이라 부른다. 마음을 온통 땅으로 가득한 인지 상태로 만드는 수행이다. 그런 상태의 최고 정점이 제3 해탈 혹은 '네 번째 명상'(제4선) 수준의 고정됨이다. 그리고 그 땅의 온통(까시나)을 허공으로 대체하면 무한허공이라고 인지하는 상태가 된다. 그다음 단계는 무한식별의 영역(식무변처) → 아무것도 없음의 영역(무소유처) → 인지가 있지도 없지도 않은 영역(비상비비상처) → 인상 없는 마음의 고정됨 → 세 가지 '유입들의 멸진'(누진)으로 이어진다.

26 살아감 jīvita

'살아감'이란 생계(jīvika)를 통해 생명(jīva)을 지속하는 생활

(ājīva)을 말한다. 수명(āyu)을 이어가는 삶(vāsa)이기도 하다.

27 여섯 영역에 관계되는 것 saḷāyatanikaṁ

āyatana(영역)는 '안쪽으로(ā) 가다(√i)'로 파자된다. '들어가는 곳'을 말한다. 한역으로는 處, 入, 入處로 번역되었다. 제사 지내는 장소나 짐승의 서식지를 나타내기도 한다.『찬도갸 우빠니샤드』(제4장 8편 3절)에서는 "숨의 부분, 눈의 부분, 귀의 부분, 정신(manaḥ)의 부분, 이 네 가지 부분은 브라흐마가 한 발로 영역을 가지는 것이다."라고 한다. 이렇게 당시 인도의 일반적인 의미에서의 영역이란 '특정 주체가 들어가 살아가는 일정한 장소'를 나타내는 단어라고 보인다.

결론부터 말하자면, 불교에서의 영역이란 나라는 자아 관념이 감각기관에 결부되면서 감각기능에 의해 펼쳐지는 장소를 말한다. 더 나아가 그 장소에 식별이 가미되면서 분명해지는 장소까지가 영역이다. 12연기에서 식별에 의한 명색으로 인해 여섯 영역이 생기기 때문이다. 그러나 식별이 반드시 결부된 상태라야 영역인 것은 아니다. 그렇다면 '여섯 가지 내부 영역'(6內入處)과 '여섯 가지 외부 영역'(6外入處)에 의해 여섯 가지 식별이 생긴다는 인과가 성립되지 않는다. 또한 영역은 여섯 가지 감각기관들(六根) 내지 여섯 가지 대상들(六境)과 겹쳐 있다. 그렇다고 일치하지도 않는다. 다음의 설명들에서 좀 더 자세한 구분점을 알 수 있을 것이다.

영역의 하나인 눈도 격의법으로 쓰인 것이다. 감각기관, 기능, 영역 모두를 포괄하고 있으면서도 문맥에 따라 어느 한 측면을 잡아서 말한다. 그러므로 어느 차원으로 쓰인 눈인지 문맥에 따라 잘 파악해야 한다. 예컨대 눈이 소멸한다는(초상 4-262) 말은 영역 차원의 눈이 소멸한다는 말이지 감각기관이 소멸하거나 기능이 소멸한다는 말이 아니다.

"비구가 여섯 가지 접촉의 영역들이 같이 일어남과 스러짐을 생성된 대로 알아차리면 이 비구의 봄은 잘 정화됩니다."(초상4-403)를 보면 영역이란 객관적으로 '있는 그대로'의 존재가 아니라 일어나고 사라지며 생성되는 것임을 알 수 있다. 그래서 "눈을 생성된 대로 알지 못하고 알아보지 못한다."(초맛 4-594)라고 한 것이고 12연기에서 '명칭과 방해물'(名色)이 소멸하면 여섯 영역이 소멸한다고 한 것이다.(초상2-103) 더 나아가 눈은 인간의 눈만 있는 것은 아니다. 짐승의 눈부터 천신의 눈이나 우리가 알지 못하는 외계 생명체의 눈도 있을 것이다. 그 눈의 기관, 기능, 영역은 각각 다를 것이다. 하지만 불교의 주된 관심사는 아니다.

'여섯 영역'은 12연기에서 "눈의 영역, 귀의 영역, 코의 영역, 혀의 영역, 몸의 영역, 정신의 영역"이라고 정의되어 있다.(초상2-97) 본문에서도 이에 해당한다고 보인다. 다른 말로 '여섯 가지 내부 영역들'(六內入處)과 동의어다.(초디3-421) '여섯 영역'이라는 용어가 '여섯 가지 외부 영역들'(六外入處)을 직접 가리키는 경우는 없는 것 같다. 하지만 암시는 하고 있다고 보인다. 또한 "무엇이 내부(ajjhattika)의 땅의 경계입니까? 안쪽이고(ajjhattaṁ), 개별적인 것이고, 거친 것이고, 단단한 계통이고, 포착된 것(upādiṇṇaṁ)이다."에서 내부란 자신의 방향인 안쪽과 욕구와 애착이 들어간 주관적 인식인 포착이 포함된 개념임을 알 수 있다.(M1-185, 초맛1-672)

이처럼 눈(cakkhu, 眼)과 '눈의 영역'(cakkhu-āyatana, 眼處)은 같지 않다. 눈과 '눈의 기능'(cakkhu-indriya, 眼根)도 완전히 같은 말은 아니다. 부처님 말씀에서 '눈'이란 눈알과 같은 육체적 감각기관과 보는 작용력, 형색을 받아들이며 인식하는 것, 접촉하는 장소, 안목 등 기관과 기능과 영역들과 앎 및 지혜까지 포함된 개념이다.(초디3-382) 죽음으로 감각기관으로서의 눈이 사라진다고 해서 눈의 영역이 사라지지는 않는다. 기능도 기관이 파괴되면서 일시적으로 파괴되지만 새 몸을 받으면서 되살아난다.

흔히들 '여섯 가지 기능'(六根)도 안이비설신의라고 말하고 '여섯 영역'(六處)도 안이비설신의라고 말한다. 어떠한 차이가 있는지 모를 불분명한 규정이다. 이러한 애매함 속에서 일체를 12처(열두 영역)라고 말하곤 한다. 그런데 이것은 설일체유부의 영향을 받은 잡아함에서 '일체란 12처를 말한다.'(一切者謂十二處, 大正2-91)라고 한역된 것에 근거한 것이다. 12 이상의 법수는 부처님께서 쓰신 적이 없기 때문에 '일체란 12처'라는 규정은 종파적 해석과 전승이 첨부된 문장임이 분명하다.

당연히 12처라는 용어는 빨리어로 된 니까야에서는 나오지 않는다. 다만 부처님은 일체를 "눈과 방해물들, 귀와 소리들, 코와 냄새들, 혀와 맛들, 몸과 촉경들, 정신과 법들"이라 정의하신다.(초상4-111) 그런데 사리뿟따에 의해 이와 똑같이 정의된 문장이 나오고 이것을 "여섯 가지 내부 외부의 영역들"이라고 규정하는 경우가 있다.(초디3-191) 그러므로 일체가 12처라는 규정은 결론적으로 틀린 말은 아니다. 이렇게 짝지어 대응시킨 것은 그 둘 사이의 관계에서 파생되는 나머지 모두를 암시하기 위한 것이라고 보인다. 열두 영역의 관계는 수많은 것들을 담고 있고 떠오르게 하는 바다와 같다.(초상4-351)

참고로, 부처님께서 감각기관으로서의 '안이비설신의'나 객관적인 대상 자체로서의 '색성향미촉법'에 대해 각각 통틀어 법수 제목을 붙여 부르신 적은 없다. 다만, 안이비설신의는 6근(六根)으로 법수 제목을 다는 것이 맞고, 눈의 기능 ~ 정신의 기능은 6능(六能, 원어는 chaḷ-indriya인데 이것의 기존의 한역은 六根이다.)으로 한역하는 것이 맞다고 생각한다. 눈의 식별 ~ 정신의 식별까지 6식(六識)으로 부르듯이. 눈의 영역 ~ 정신의 영역은 기존 법수대로 '여섯 영역'이라고 하면 되겠다. 또한 후대에 객관적인 대상인 색성향미촉법을 6경(cha visaya, 六境)이라고 법수 제목을 붙였는데 한역은 그대로 쓰는 것이 좋을 것 같다. 다만 visaya는 범위라는 뜻에 가까우므로 일반적으로 대상이라는 뜻을 가진 ārammaṇa를 써서 chaḷ-ārammaṇa라고 부르는 것이 더 좋지 않았을까 생각된다.

그런데 우리의 감각기관은 대상을 모두 포착할 수 없다. 인간이 포착할 수 없는 것들이 제외된 것을 일체라고 하는 것은 논리적으로 맞지 않는 것 같다. 그래서 주석서에서는 그 모든 것을 합쳐 부르는 일체를 '일체의 일체'(sabba-sabba)라고 표현하고 있고 부처님만이 파악할 수 있다고 말한다.(초상4-111의 주석 22번) 그러나 열두 영역 이외의 것은 상정할 수 없을 것이다. 그 이외의 것은 "그와 같은 것은 범위가 아닌 것에 속하기 때문입니다."(초상4-112)라고 표명되었다. 인간의 인식 범위가 아니라는 말이다. 다만 부처님께서 다루는 세상이란 "여섯들에서 세상은 같이 생겨났고"(초상1-251)처럼 여섯 영역이 만든 세상이고, '인지가 개입된 세상'(loka-saññī)이자 '착각이 개입된 세상'(loka-mānī)이다.(초상4-258) 그런 세상을 소멸시키려는 것

152

이다. 부처님께서는 이러한 개념상의 한정을 '성스러운 규제' (ariya vinaya)라고 표현하셨다.

부처님께서는 인식될 수 없거나, 언표될 수 없거나, 다룰 필요가 없는 영역에 대해서는 표명하지 않으신다. 그러므로 포착할 수 없는 6근과 6경의 차원은 불교에서 다루어지지 않는다. 불교에서 일체를 같이 일어나는 법이자 소멸하는 법이라고 한 것은(초상4-136) '열두 영역'(十二處)이 같이 일어나고 소멸한다는 말이다.(초상4-263) 결론적으로 불교 내에서는 '12처 ≒ 세상(loka) ≒ 일체(sabba)'라는 등식이 성립한다. 범위는 거의 같지만 말하려는 성질과 역할과 목적에 따라 어느 내용만을 잡아 달리 표현한 것이다.

다르게 말해 보자면, 부처님의 주안점은 연기, 즉 '따라서-같이-생겨남'(緣起)의 전부를 밝히려는 것이 아니라 생사 해결을 위한 연기법인 '12고리의 따라서 같이 생겨난 법들' (十二緣起法, 정확한 한역은 十二緣已生法이다.)을 밝히고 그것을 소멸시키려는 것이다. 부처님께서는 일체를 '열두 영역'으로 한정해서 다루었듯이, 진리인 '따라서 같이 생겨남'을 4구게로(대끝-276) 밝히되 12고리를 중심으로 한정해서 다루신다. 부처님께서 당신의 교설을 심사빠 숲에서 숲의 나뭇잎 전부를 다루지 않고 손에 든 나뭇잎만을 다루는 것과 같다고 비유하신 것도 같은 이치다.(초상6-414)

한편, 여섯 영역을 분명히 이해하기 위해 그 발생 원인인 명색(nāma-rūpa, 名色, 명칭과 방해물)을 살펴볼 필요가 있다. 잡아함은 설일체유부에 의해 범어로 기록된 것을 다시 한역한 것이어서 가끔 부처님의 말씀이 설일체유부의 학설로 대체되는 경우가 있다.

　대표적으로 명색에서의 명을 "느낌 덩어리, 인지 덩어리, 형성작용 덩어리, 식별 덩어리인 네 가지 무방해물 덩어리를 말한다."라고 정의한다.(云何名 謂四無色陰, 受陰 想陰 行陰 識陰. 大正2-85) 이것은 우선 식별에서 또 식별이 나온다는 동어반복의 오류에 빠진 정의다.

　또한 명을 정신-물질의 이분법에서의 정신이라고 하는데, 형성작용은 물질과 정신 모두에 걸쳐 일어나는 작용이므로 형성작용을 정신으로만 다루는 것은 형성작용에 대한 몰이해에서 비롯된 오판이다. 형성이 어떻게 정신만의 형성이겠는가? 근본불교에 입각해서 말한다 해도, 부처님의 명칭(名)에 대한 분석적 정의인 "느낌, 인지, 의도, 접촉, 정신의 기울임"에서 접촉이란 6내입처, 6외입처, 6식의 동반(saṅgati, '같이'sam '가다' gati, 和合)이라고 정의된다. 그러므로 접촉은 정신적인 것과 물질적인 것이 동시에 섞여 이루어진 것이므로 정신으로만 묶을 수 없다.

　또한 식별에서 정신-물질인 존재 전체가 생긴다고 하면

불교는 주관적 관념론이 되어 버린다. 창조주 브라흐마가 식별로 대체된 꼴이기 때문이다. 명색을 인간에 한정된 개념으로 간주하려 해도 경전 전체에 걸쳐 부처님께서 인간에 대해 정신-물질이라는 이분법적인 표현이 필요할 때에는 항상 '몸과 마음'(kāya citta)으로 표현하시기(초상3-102, 초상4-435, 초상4-472, 초상5-298, 초상5-312, 초맛4-594...) 때문에 '한결같은 분'(如來)의 정합적인 표현의 일관성에도 맞지 않는다.

아비담마 철학에 의하면 느낌, 인지, 의도, 접촉, 정신의 기울임은 정신(mano, 意)과 동의어로 간주되는 마음(citta, 心)에 속하는 것들이다. 그중에서도 마음에 반드시 부수하는 요소들이다.(아길-193) 그렇다면 마음의 필수 부수물 일곱 가지 중에서 '단일한 정점 상태'(ekaggatā)와 '살아감의 기능'(jivitindriya)을 제외한 위의 다섯 가지로 된 정신이 무엇인지 그 개념을 밝히지 않고 사용하고 있는 것이다. 뿐만 아니라 마음의 일부로서의 정신이라면 정신 외에도 물질과 다른 마음의 요소들이 더 있다는 말이므로 '명칭과 방해물'(名色)을 인간 전체로 보고 정신-물질이라고 이분법으로 번역과 해석을 한 것은 자체 오류에 빠지게 된다.

명칭을 분석관찰(vipassanā) 하여 다섯 가지로 분석한 이유는 그 다섯 가지가 명칭의 성립 요소이자 구성 요소이기 때문이다. 명칭을 부여하기까지의 과정은, 대상에 '정신을 기울여서' '접촉'하게 되면 인상이 생기면서 '인지'하게 되고 동시적으로 그 대상에 대해 좋거나 싫거나 담담하거나 한 '느낌'이 동반되며 그에 따라 그 무엇이라고 규정하려는 '의도'를 가지고 식별하면서 명명하게 된다. 명칭에는 이 모든 과정과 요소들이 함축되어 있다.

다른 한편으로는, 식별이 인간 전체인 정신-물질을 만들어 낸다는 비상식적인 인과를 설명하려다 보니 식별이 재생연결식으로, 명색이 수정란으로 한정되는 편협한 삼세양중인과설만을 고집하게 되었다는 것이다. 그러나 "이 몸과 밖의 명색, 이 한 쌍을 따라서 접촉과 '다만 여섯 영역들'(saḷ-eva-āyatanāni, 六處)이 생겨난다."(초상2-158)라는 표현에서 명색이 단순히 인간을 정신-물질이라는 이분법으로 표현한 용어가 아니라는 것을 알 수 있다. 나아가 여섯 영역도 단순히 감각기관으로서의 안이비설신의가 아니라는 것도 알 수 있을 것이다. 그러나 아비담마 철학의 주석에서는 '밖의 명색'을 '식별을 갖춘 남의 몸'이라고 편협한 억지 해석을 내린다. 명색이 수정란이라는 주장과 자체 모순되는 해석이기도 하다.

부처님께서 nāma를 정신이라는 뜻으로 사용하신 적은 단 한 번도 없다. 물론 '부처님께서 사용한 적이 없는 말이므로 거짓이다.'라는 명제는 오류 명제이다. 다만 유념해서 점검할 필요성은 있다. 적어도 부처님께서는 nāma를 항상 명칭이라는 뜻으로만 한결같이 쓰셨다. 한결같은 분(如來)에게 혼란스럽게도 명칭이었다가 정신이었다가 하는 경우는 없다. 당시 일반인들에게도 명칭이라는 의미로 쓰였고 외도의 사상에서도 그러했다.

예컨대 우빠니샤드에서 nāma-rūpa라는 용어가 그대로 등장하는데 역시 명칭이라는 의미였다. 더군다나 한역을 한 삼장법사들도 모두 名이라고 번역했고 현대의 영역자들도 보통 name으로 영역한다. 이런 단어가 유독 우리나라에 와서 정신으로 번역되고 있다. 명색이라는 용어도 격의법으로 쓰였다. 그러므로 기본 뜻은 같지만 불교만의 개념과 해석이 부여된다. nāma를 정신으로 번역하는 것은 번역과 해석을 구분하지 못한 오역이다. 일단 명칭으로 번역해야 한다. 물론 명칭은 정신적인 것이라고 해석할 수는 있다. 그러나 명칭이 곧 정신 전체인 것은 아니다.

나아가, 명색을 연유로 여섯 영역이 생긴다는 말은 인식론 전반을 설명하려는 보편적인 관계 이론이 아니라 생사로 흐르는 결정적인 대목을 나타낸 핵심적인 관계 이론이다. 명칭이 없어도 인지와 식별은 이루어진다. 그러나 명칭으로 식별의 영역이 분명해지고(특히 여섯 영역) 인지의 심화가(특히 개념 규정에서 이데올로기까지) 이루어진다. 더 나아가 시비분별의 식별과 인지의 왜곡도 심화되고 증장된다.

대표적이고도 핵심적으로 '나다'라는-착각(asmi-māna)도 명칭에 의해 규정되고 고착된다. 그 후에야 '여섯 가지 기능들' (chal-indriya, 六能)도 나를 중심으로 나타나고 생사의 흐름에 관계되며 영향을 미치는 것이다.(초상3-192) 그렇게 명칭은 생사에 막대한 영향을 끼치게 된다. 여섯 영역들에 의해 세상은 생겨나고 명칭에 의해 세상은 조립된다.

다만 명칭이 특정 음성과 문자로 표현된 것만을 의미하지는 않는다. 대상을 개념 규정하며 가리키는 행위 모두가 명칭의 영역으로 다루어져야 할 것이다. 첫째로 명칭의 다섯 가지 성립 요소들 중에 '정신의 기울임'(作意)이 들어 있기 때문이고, 둘째로는 부처님께서 식별과 명색의 상호조건으로 지칭의 행로, 언어의 행로, 제시의 행로, 알아차림의 단위가 생긴다고 하셨기 때문이다.(초디2-136)

여기에서 식별과 명색이 상호조건이 된다는 것은 최초 발생에서의 완벽하고도 절대적인 동시성을 말하지는 않는다. 그렇다면 인과가 성립하지 않고 각자 자체적으로 동시에 발생할수밖에 없기 때문이다. 명색이 식별의 조건이 된다는 것은 명색이 식별을 촉발시키고 증장시킨다는 의미가 중심이지 식별을 최초로 발생시킨다는 의미가 중심이 아니다. 식별의 최초 발생에 대해서는 '6내입처를 따라서 6외입처에 대해 6식이 생겨난다'는 교법을 표준으로 삼아야 한다. 만일 명색이 정신-물질이라는 존재 전체를 의미한다면 명색은 식별만의 조건이 아니라 다른 모든 것들의 조건 내지 기반으로 거론되는 것이 타당하며 상호조건으로 식별만을 거론하는 것도 무의미한 설명이 되고 만다.

또한 부처님께서 명색을 설명하시면서 '명칭의 유형'(nāma-kāya)과 '방해물의 유형'(rūpa-kāya)으로 각각 나누시고 이 둘의 유형은 짜임새들(ākāra), 특색들(liṅgā), 인상들(nimittā), 집약들(uddesa)에 의해서 제시된다고 하셨다.(초디2-132) 너무나 당연한 말씀이다. 눈앞의 대상이든 그것을 부르는 명칭이든 그 대상이 어떤 짜임새의 모양으로 이루어졌는지, 어떤 특색을 가졌는지, 어떤 인상으로 보이는지에 따라 집약해서 뭉뚱그려 지칭되며 그 유형이 나눠지기 때문이다. 예컨대 우리 눈앞에 수많은 돌들이 있는데 그것들은 공통된 짜임새와 공통된 특색과 비슷한 인상이 있기 때문에 집약해서 '돌'이라고 통칭한다는 말이다. 이렇게 nāma는 모든 문맥에서 명칭이라는 의미로만 사용된다.

부처님께서는 마음(citta)이나 갈구(taṇhā)처럼 명칭이 모든 것에 영향을 미친다고 하셨다.(초상1-245) 당연히 생사에도 영향을 미치며 중요한 역할을 하기에 생사 연기법인 12연기에서 명칭을 다루지 않을 수 없었던 것이다. 그러나 아비담마 철학의 명칭에 대한 오해로 인해 불교 사상사는 생사에 있어서 명칭의 역할과 영향력에 대한 심도 있는 고찰이 결여될 수밖에 없었다.

다른 한편으로, 명색의 색(色), 즉 방해물(rūpa를 방해물로 번역한 이유는 대끝-195, 주석 169번 참고)도 정신-물질이라고 구분하는 이분법적인 물질이 아니다. 정신-물질이라는 이분법은 서양철학에서 대표적으로 데카르트가 주장했는데 그는 정신과 물질을 이어주는 것으로 뒤통수 안쪽에 송과선을 상정했다. 그에 반해 아비담마 철학은 '감성물질'(pasāda)과 '잠재의식'(bhavaṅga)을 상정했다. 그러나 감성물질은 물질일 뿐이고 잠재의식은 정신일 뿐이다. 모두 이분법의 연결 문제를 해결해 주지 못하는 근거 없는 상정들이다.

명색의 색은 객관적인 실재로서의 방해물인 땅, 액체, 화기, 공기뿐만 아니라 '포착한 것으로서의'(upādāya) 방해물인 땅, 액체, 화기, 공기까지 포함하는 개념이다. 즉 주관적인 인식이 개입된 개념이다. 예컨대 땅이란 인간에게나 땅으로 포착된 것이고 개념 규정된 것이지 다른 존재자들에게도 땅으로 보이는 것은 아니다. 나아가 소리, 냄새, 맛도 넓게는 다 방해물에 속하는 것이므로 동일하게 적용해서 이해하면 된다.

또한 '방해물의 경계'(色界)인 선정을 얻기 위해 눈앞에 내놓은 흙 원반을 인상(nimitta, 相)으로 습득하여 개인 처소로 돌아가 마음속에 그 습득한 인상을 떠올렸을 때 그 흙 원반의 인상은 방해물(色)에 속하는 것이다. 정신-물질이라는 이분법적인 사고방식으로는 그 인상이 정신적인 현상에 속하는 것이지 객관적인 물질에 속하는 것은 아닐 것이다. 흙 원반의 인상이라는 방해물의 경계가 현전하는 한 '무방해물의 경계'(無色界)에 들 수는 없다.

참고로, 몸은 방해물의 몸도 있고 무방해물(無色)의 몸도 있다. 눈알과 같은 방해물 차원의 눈이 없어져도 무방해물의 성질이라고 할 수 있는 눈의 영역이 없어지지 않듯이, 방해물 차원의 몸이 없어진다고 해서 몸의 영역이 모두 사라지는 것은 아니다. 무방해물의 경계에서도 몸은 사라지지 않고 적용되고 있다.

예컨대 무색정을 달성한 이에 대해서도 '몸으로 증험한 이'(kāya-sakkhī, 身證者)라고 부른다. 또한 부처님께서는 깜깜모름(無明)이 제거된 현명한 이라야 몸이 무너진 뒤 몸을 받지 않으며 어리석은 자는 몸이 무너진 뒤 몸을 받는다고 말씀하셨기 (초상2-161) 때문에 동격자(阿羅漢)가 아닌 존재자는 삼계 중 어떤 경계에서든 몸을 받아 태어나게 되어 있다. 몸이 없어진다는 것은 개체성이 없어진다는 의미이기도 하다. 물론 무방해물의 몸을 연상하기란 어렵다.

그러나 만일 무방해물의 경계에 태어난 존재자가 몸이 없어서 개체성을 가지지 않고 사라졌다면 어떻게 다시 이전과 같은 자기동일성을 가진 개체로 몸이 형성되어 윤회할 수 있겠는가? 그리고 몸 없이 정신적인 것들만 모여 있을 수 있겠는가? 모일 수 있다면 모여 있는 상태가 바로 그 개체의 몸일 것이다.

한편, 방해물 측면의 몸을 말할 때 방해물(rūpa, 色)이라는 단어로 몸을 표현했다고 해서 몸은 곧 방해물 차원의 몸밖에 없다고 단정해서는 안 된다. 더군다나 욕계의 지금 우리 몸을 관찰하는 경우만 하더라도 무방해물인 허공(예컨대 콧구멍, 귓구멍, 목구멍, 창자 구멍 등)을 포함한다고 제시되었다.(초맛2-597) 그러므로 몸은 '방해물 덩어리'(色蘊)에 속하는 것으로 분류되어서는 안 되고 '형성작용 덩어리'(行蘊)에 속하는 것으로 분류해야 한다.

덧붙여, 몸의 대상인 촉경(phoṭṭhabba, 觸境)은 감촉이나 촉감이 아니다. 감촉이나 촉감은 주관적인 느낌의 영역에서 다룰 용어이지 감각기관의 객관적인 대상으로 쓰일 용어가 아니다. 몸이 눈, 귀, 코, 혀를 포함하고 있듯이 촉경도 방해물, 소리, 냄새, 맛을 포함하며 그 외의 전파든 힘의 파장이든 몸의 안팎으로 부딪히는 '접촉될 것'(phoṭṭhabba, 觸境)의 모든 것을 나타낸다.

최종적으로 정리하면, 영역(āyatana, 處)이라는 용어도 격의법으로 쓰였다. 짐승의 서식지나 제사 장소에서부터 불교에 이르러 어떤 주체가 감각기관을 통해 인식하는 장소, 즉 여섯 가지 내부 영역과 여섯 가지 외부 영역으로 주로 쓰였다. 나아가 '네 가지 무방해물의 고정됨'(四無色定)을 '네 가지 영역'(四處)으로도 표현했다.

더 나아가 꺼짐(涅槃)도 영역이라고 표현되었다. 예컨대 "그런 영역이 있는데"(초우-416), 혹은 "눈이 소멸하고 방해물을 인지함이 퇴색하는, 그 어떤 영역들에 대해 분명히 알아야 합니다."(초상4-262)에서 확인할 수 있다. 그렇게 해서 여섯 영역의 소멸을 꺼짐이라고 말한다.(초상4-263) '불의 꺼짐'이라는 사건이 있다고 말할 수 있듯이 꺼짐도 사건, 즉 법이기 때문에 있다고 말할 수 있는 것이다. 물론 불의 꺼짐이 따로 어디에 영원히 존재하는 것이 아니듯 다만 꺼짐이라고 명칭과 개념을 사용해서 제시(paññatti)하며 나타낸 '영역'일 뿐이지 존재론적인 대상으로 인정하는 것은 아니다.

차별적인 이해를 돕기 위해 첨언하자면, 영역과 유사어로 경계(dhātu, 界)라는 단어가 있는데, 이것은 '같은 성질이나 차원을 뭉뚱그려서 분류'하는 용어다. 대표적으로 3계 내지 18계라는 분류에서 쓰였다.

28 욕망의 유입 kāma āsava

유입(流入)도 격의법으로 사용되었다. 본문의 세 가지 유입은
전문적인 용법으로 쓰인 것이고 일반적으로는 흘러 들어간다
는 투입을 의미한다. 누(漏)나 번뇌 등은 오역이다.(비급-355)

29 풀려나고 vimuccati

vimuccati의 명사형이 해탈(解脫)로 한역되는 vimutti이다. '분
리되어(vi) 풀림(√muc)'으로 파자된다. 격의법으로 쓰인 용어
중에 하나다. 일반적으로 결박이나 결심이나 긴장에서 풀려나
는 것을 의미하므로 '풀려남'이라고 번역하면 될 것이다. 똑같
이 파자되며 동의어라고 인정되어서 한역까지도 해탈이라고
똑같이 번역된 단어가 'vimokkha'이다. '해방'이라는 번역어도
괜찮지만 일반적인 쓰임새가 거의 없고 주로 전문적인 멈춤 수
행에 관련된 용어로 쓰이므로 한역인 해탈을 그대로 쓰기로 하
겠다. 이렇게 풀려남과 해탈을 구분해 보겠다.

풀려남과 해탈이라는 두 단어는 동의어가 아니다. 구분해
야 하는 이유는 아래의 설명에서 드러나게 될 것이다.

8해탈의 첫 번째는 "방해물을 품고 있으면서 방해물들을
알아본다."이고 두 번째는 "안쪽으로는 방해물을 인지함이 없으

면서 바깥쪽으로 방해물들을 알아본다."이고, 세 번째는 "깨끗함이라는 것만이 확고하게 된다."(초맛3-187)라고 표현되었다.

첫 번째 해탈은 안쪽 자기 몸에서든 바깥쪽 외부에서든 온통(kasiṇa, 地水火風靑黃赤白空識)의 인상을 습득하는데 처음에는 자기 안쪽에서, 즉 인상을 마음속, 가슴 속에 품고 있으면서 작게 인지되다가 바깥쪽으로 점점 확대시킨다는 말이다.

두 번째 해탈은 점점 커지는 온통이 자기 안쪽으로는 인지가 되지 않고 자기 바깥쪽으로만 무량하게 커지면서 그 온통만이 인지된다는 뜻이다. 쉽게 말해서 자기 혹은 자기 몸은 인지되지 않는다는 말이기도 하다. 아비담마 철학에서는 첫 번째 해탈은 첫 번째 명상(초선)에 해당하고 두 번째 해탈은 두 번째 명상(제2선)에 해당한다고 주장하기도 하지만 단정적으로 확정할 수 없다.

세 번째 해탈은 첫 번째와 두 번째 과정을 통해서 온통이 무량하게 커지고 뚜렷해져서 오로지 온통만이 현전하는 경지에 도달했다는 표현이다. 그 온통이 된 영역의 경지가 깨끗하게 선명하고 흔들림이 없어서 "깨끗함이라는 것만이 확고하게 된다."라고 표현된 것이다. 그리고 이 고정됨의 경지는 명상의 단계로 치자면 제3명상 혹은 제4명상에 해당한다. 물론 제2명상도 어느 정도 일정하게 깨끗해지고 확고해진 상태다. 그러나 흔들림 없이 지극하게 깨끗해지는 경지는 제4명상의 단계다. 그래서 제4명상을 '담담하게 상기하는 청정한 네 번째 명상'(捨念淸靜 第四禪)이라는 정형구로 표현한다.

8해탈의 나머지는 '네 가지 무방해물의 영역들'(4무색처)과 상수멸이다. 그렇다면 '아홉 가지 점진적인 소멸들'(기존 번역은 9차제정)로 충분할 것 같은데 8해탈이라고 따로 고정됨(samādhi, 定) 내지 멈춤(samatha, 止)을 분류한 이유는 무엇이며 8해탈의 앞 세 해탈들을 네 가지 명상으로 표현하지 않은 이유는 무엇일까?

그 이유는 온통들로 도달하는 고정됨은 명상(jhāna, 禪, 靜慮, 조용하게 골똘히 생각함)이 아니기 때문이다. 온통 수행이 명상이 아닌 이유는 알아차림(paññā)이라는 앎의 성질이 없기 때문이다. 다르게 말해서 순수 고정됨이기 때문이다. 그렇다면 분석관찰(觀) 없는 멈춤(止)이나 고정됨은 없다는 주장도 편협한 오류라는 것을 알 수 있을 것이다. 다만, 분석관찰 수행인 '네 가지 상기의 출발점들'(四念處)이 항상 네 가지 명상들로 설명되는 이유는 관찰 방법이 알아차림 계통이기 때문이다. 그래서 "명상 없는 알아차림 없고 알아차림 없는 명상 없다."(한법-726)라고 한 것이다.

'네 가지 상기의 출발점들'이라는 법수 제목이 말해주듯이 신수심법은 수행자라면 상기(sati, 念)해야 할 출발점들이다. 다만 네 가지들을 상기하되 그와 동시에 구체적으로 관찰하는 방법은 상기가 아니라 알아차림이다. 상기는 수행주제를 기억하고 떠올리는 정신의 기능이기 때문에 순수 고정됨을 가져오는 온통들을 떠올릴 때에도, 정혜쌍수인 네 가지 출발점들이라는 신수심법을 떠올릴 때에도 모두 언제나 작용하는 기능이다. 심지어 계율을 상기하거나 나쁜 일을 상기할 때에도 작용하는 기능이다.

알아차림으로 연결되는 상기든 인지함으로 연결되는 상기든 결국 일정한 마음의 고정됨을 가져온다. 그래서 8해탈의 세 번째까지의 고정됨의 강도와 네 가지 명상의 고정됨의 강도는 동일할 수 있다. 다만 알아차림의 성질과 작용이 들어가느냐 마느냐에 따라 구분할 필요성이 있었던 것이다. 부처님께서는 군더더기 없이 법을 설하시는 분이다.

30 여섯 영역에 관계된 것 saḷāyatanikaṁ

여기서는 동격자의 경우인데도 '여섯 영역에 관계된 것'이라는 표현을 쓰고 있다. 그러나 자아의식에 사로잡힌 식별에 의한 영역이 아니다. 동격자도 식별하고 영역이 형성되지만 생사로 흐르는 차원의 것이 아니다. 이렇게 영역이라는 용어도 격의법으로 쓰였기 때문에 문맥에 따라 차원을 달리해서 독해해야 한다. 물론 동격자에 관련된 영역에 대해서 많이 다루는 것은 경우에 맞지 않는다.

그러나 후대의 대승에 이르러서는 이러한 동격자의 경지에서의 영역에 대한 표현을 왜곡된 논리로 즐겨 쓰게 된다. '자기 없음'(無我)을 달성한 이에게도 여섯 영역이 현상적으로는 똑같이 진행되고 실체 없는 세상도 눈앞에서 유유히 흘러간다. 한발 더 나아가 이러한 빈 세상이 바로 현실 그대로인 것이고 그 비었음(空)은 열반과 동의어가 되면서 생사가 열반이고 번뇌가 보리이며 지금 이대로 그대가 바로 부처라는 사상이 피어났다. 그러므로 음주 여색이 반야에 장애가 되지 않을 뿐더러 열반 그대로일 뿐이라는 궤변에까지 이르게 된다.

말로만 보면 그럴듯한 이런 궤변들은 제논(Zenon)의 역설처럼 오랜 세월 그 오류를 발견하지 못한 채 불교사상과 문화에 지대한 악영향을 미치게 된다. 하나의 명칭과 개념이 살짝살짝 바뀐 것에 불과하다고 보일 수도 있지만 그로 인해 수천 년간 수많은 스님들을 삼악도에 몰아넣을 수 있다는 것을 무섭게 자각해야 할 것이다.

31 출가수행자들 samaṇā

사문(沙門)이라고 음역되었다. '노력하다'(√śram)라는 어근에서 파생되었으므로 근식(勤息, 부지런히 욕망을 쉬는 이)으로 의역

되기도 했다. 그러므로 수행자라고 번역하되 출가한 사람에 한
정되어 쓰였으므로 출가수행자라고 번역하면 될 것 같다.

출가수행자와 대비되는 신성인(brāhmaṇa, 婆羅門)은 바라
문(브라만)으로 음역되었고 고대 인도의 카스트 중에 전통 성직
자 계급을 의미했다. 그러나 브라만이라는 단어도 부처님께서
격의법으로 사용했기 때문에 원뜻을 살려서 번역할 필요가 있
다. 왜냐하면 군주 계급인 *끄샤뜨리야*(領主, 초디3-173) 출신이
었던 부처님 스스로를 브라만이라 부르거나(한비-87) 탐진치가
사라진 동격자(아라한)를 브라만이라고 부르기(한숫-667~) 때문
이다.

바라문은 고대 인도에서부터 창조주로 숭배되던 브라흐
만(brahman, 梵天)에서 파생한 단어다. 보통 √bṛh(발생시키다)를
어근으로 보지만 정확한 뜻이 밝혀지지 않은 것으로 보인다. 그
러나 일반적인 쓰임새를 보면 '깨끗함'과 '거룩함'의 뜻을 동시
에 가지고 있으므로 '신성함'이라는 뜻을 가진 번역어로 부처님
의 격의법을 일관되게 적용할 필요가 있다. 그래야만 부처님이
나 동격자를 바라문이라고 번역하며 바라문 계급으로 오해하
게 하는 일을 없앨 수 있고 '신성한 실천'(brahma-cariya, 梵行)을
'하느님과 함께하는 삶'이라고 하는 오역도 피할 수 있다. '신성
한 실천은' 브라만교에서도 신성자(브라흐만)에게 올리는 제사
를 의미하기도 했고 아쉬람(āśrama. 의무수행을 뜻하며 후대에는 수

행처라는 의미로 쓰였다.) 4단계 중에 25세까지 성관계 없이 학문을 연마하는 첫 번째 단계를 가리키기도 했다. 부처님께서는 이러한 단어의 기본적인 의미(신성함)만을 차용하여 한결같이 사용했을 뿐이었다. 본문의 신성인도 바라문 계급의 사람들로 한정할 필요는 없다.

32 거처했다면 viharimsu

비움이란 들어내어 없애는 행위 내지 수단이다. 따로 제시될 수 있는 독립된 객관적 존재 영역이 있는 것은 아니다. 그러므로 '비움에 들어가 거처한다'는 표현은 비움을 통해 도달한 고정됨이나 그 경지에 들어서 머문다는 의미로 봐야 한다.

33 첫 번째, '작은 비움 가닥'이 끝났다

후대 편집자가 분류하며 넣은 문장이다.

큰 비움 가닥

34 아래옷을 여미고 나서 nivāsetvā

'아래옷을 여미다'(nivāseti)는 속옷과 아랫마기(antaravāsaka, 安
陀會)에 대해 아울러 표현하는 용어라고 보인다. '여미다'라고
번역한 이유는 공붓거리들(百衆學) 제1조가 "나는 아래옷을 '완
전히 둘러서'(parimaṇḍalaṁ) 여밀 것이다"라는 문장으로 되어
있기 때문이다. 부처님 시대에 비구들은 보통 새벽에 편한 옷차
림으로 좌선하다가 날이 밝아지면 탁발을 위해 옷을 추스르고
가다듬는데, 마을에 갈 때만큼은 더욱더 하반신이 노출되지 않
도록 특별히 신경 써서 단속할 필요가 있었다. 본문은 그런 상
황과 모습을 표현한 것이다.

35 그릇 patta, 鉢盂

그릇도 격의법으로 쓰인 단어다. 일반적으로 쓰였던 단어인 그 릇을 비구들이 탁발하는 밥그릇을 자칭할 때에도 다만 그릇이 라고 불렀던 것이다. 발우는 음역일 뿐이다. 탁발 밥그릇을 위 한 전문적인 용어가 창작된 적은 없다. 단, 비구들에게 나무 그 릇은 허용되지 않았고 흙과 쇠 종류만 허용되었다. 개수의 제한 은 있었지만 크기의 제한은 없었던 걸로 보인다. 항상 들고 다 녀야 할 소지품이기에 최대한 가볍고 작게 만들 것이 분명하기 때문일 것이다. 요즘 나라마다 발우로 일컬어지는 것들은 모양, 재질, 크기 등등을 각자 변용시켜 온 것이다.

36 의류 cīvara, 衣

cīvara를 옷이라고 번역하지 않고 의류라고 번역한 이유는 옷 과 옷감을 모두 표현하는 용어이기 때문이다. 물론 딱 들어맞는 번역어인 것은 아니다. 고대 인도의 옷 내지 옷감이란 사각 천 을 의미했다. 다만 15.4 × 7.7cm 이상의 크기를 말한다. 크기 에 따라 '옷에 들어가는 종류', 즉 의류가 정해졌을 뿐이다.
비구의 최소한의 의류를 일컫는 용어로 '세 가지 의류'(ti-cīvara, 三衣. '세 벌 옷'이라고 번역하면 안 된다.)가 있다. 즉, 두루

마기(saṅghāṭī, 僧伽梨), 윗마기(uttarāsaṅga, 鬱多羅僧), 아랫마기
(antaravāsaka, 安陀會)를 말한다.

37 음식 덩이를 위해 piṇḍāya

piṇḍa는 그냥 '덩이'를 뜻하는 단어다. 문맥상 '음식 덩이'라고
번역했다. 보통은 '걸식'(乞食)이라고 한역되었지만 걸식에 해
당하는 적합한 원어는 piṇḍolya가 따로 있다. 차별이 필요할 듯
하고 원어의 의미를 살리기 위해 직역투의 '음식 덩이를 위해'
라고 번역했다. 이 번역은 걸식보다 좀 더 직설적인 표현으로
보인다. 또한 구걸이라는 의미가 가려지고 단순한 생존 행위로
만 여겨지게 하는 것 같다.

38 뒤의 공양 pacchābhattaṁ, 後食

'뒤의 공양'이란 점심의 정식을 먹은 이후에 먹는 디저트와 같
은 부식을 말한다. 점심의 정식을 올린 신도 집과는 다른 신
도 집에서 올릴 수 있다. 물론 정오 이전에만 먹을 수 있는 음
식이다. 이때 뒤의 공양에 상대되는 점심의 정식을 '앞의 공양'
(purebhutta, 前食)이라고 대응해서 일컫는다.

173

39 한편 kho pana

다른 내용, 다른 차원, 다른 측면으로 넘어가는 문맥에서 쓰이는 관용적인 접속사다. '더 나아가'라고 번역할 수도 있다. 이 접속사는 자아와 진아를 구분해 줄 때와(대끝-265), 전안거와 후안거를 밝혀 줄 때에(비급-248) 결정적인 역할을 해준다. 본문에서도 다른 내용으로 전환이 이루어질 때 쓰이고 있다.

40 제시되어 paññattāni

마련되고 제공되고 지정된다는 의미를 모두 포함하고 있는 용어다. 이 단어의 명사형이 paññatti(제시)인데 아비담마 철학에 의해 '개념'의 뜻으로 왜곡되었다.

41 의류 작업 cīvara kammaṁ

하안거가 끝난 후 한 달 간을 '의류 만드는 시기'(作衣時)라고 한다. 이때 옷 만드는 일을 의류 작업이라고 말하고 있는 것이다. 여기에서 나타나듯이 업(kamma, 業)이라고 줄여 부르는 용어도 격의법으로 쓰인 것이어서 일반적인 의미는 작업임을 알 수 있다. 일반적으로 생각하더라도 의도가 들어가지 않은 작업은 없으므로 '의도적인 행위'라고 전문적인 의미로 규정되어 쓰일 때에도 작업이라고 번역하는 것이 옳을 것이다. 다시 말해 지금까지 쓰던 업이란 작업의 줄임말일 뿐이다. 의미의 추상화를 없애기 위해 작업이라는 명칭을 사용한다면 보다 선명한 이해를 즉각적으로 가질 수 있을 것이다.

42 청하십니다 āmantesi

'청하다'(āmanteti, 'ā' 남을 향해 '√mant' 상의하다)의 3인칭 단수 아오리스트형이다. 이 동사의 형용사형(āmanta)이 규제집에 an-āmanta-cāro(청하지도 않고 다님. 초앙3-477, 한앙5-446)라고 나온다.(한비-433) 이것은 대중 공양청이 들어와 있는데 대중에게 허락해 달라고 '청하지도 않고' 마을의 신도 집에 가는 경우를 말한다. 그럴 경우 마을의 신도 집에서 그를 초청했다 하더라도 단타 제46조를 범하게 된다. 여기에서 알 수 있듯이 '청하다'는 말은 '부탁하다' 혹은 '의뢰하다'는 뜻에 가깝다.

요즘 경에서 "비구들이여'라고 세존께서 비구들을 불렀다."라고 번역되는 '불렀다'(āmantesi)가 바로 위에서 말한 '청하다'에 해당하는 단어다. '청했다'는 말을 '불렀다'라고 번역하면 자칫 '불러세웠다' 혹은 '호출했다'라는 명령의 의미로 읽힐 수 있다. '불러서 오게 하다'에 해당하는 원어는 'avheti'가 있다.

āmantesi가 부르다가 아닌 '청하다' 혹은 '부탁하다'는 뜻이라는 것이 확연히 드러나는 문장으로는 그 유명한 부처님의 마지막 당부에서 찾아볼 수 있다. "(이미 비구들이 운집해 있는 상황에서) 그러자 세존께서는 비구들에게 청하십니다(āmantesi). '비구들이여, 자, 이제 그대들에게 참으로 청하겠습니다(āmantayāmi). 형성작용들은 사라지는 법이니, 방일하지 말고 구족하십시오. 이것이 한결같은 이의 마지막 말입니다.'"

경전의 초입부에서 부처님께서 '비구들이여'라고 부른 것을 1차 결집에 모인 위대한 500명의 동격자들은 '부처님께서 불렀다.'라고 묘사한 것이 아니라 '부처님께서 청했다.'라고 묘사했다. 한편, 부처님께서 청했을 때 비구들은 "'세존이시여'라고 대답했다."라고 번역되고 있다. 하지만 여기에서 '대답했다'에 해당하는 원어는 paccassosuṁ인데 '향하여(paṭi) 듣다(√śru)'로 파자된다. 남의 말을 들어준다는 의미로 '응낙하다' 혹은 '찬성하다'는 뜻이다. '대답하다'에 해당하는 적합한 원어는 paṭivadati이다.

이상과 같이 부처님과 제자들의 일상의 문화는 호출과 대령의 문화가 아니라 청원과 응낙의 문화로 읽혔다. 부처님께서 제자 비구들을 대하는 존중의 태도와 제자들의 주체적 당당함의 태도가 나타난다. 이처럼 가닥(經)을 읽기 전에 꼭 규제집(律藏)을 봐야 단어의 구체적·실제적·일반적인 의미를 찾아낼 수 있다는 것을 '청하다'와 '응하다'라는 용례를 통해서도 알 수 있다.

43 모임에 관계된 것 saṅgaṇikā

'같이(sam) 집단(gaṇa)에 관계되는(ika) 것'으로 파자된다.

44 집단 gaṇa

4인 이상의 모임을 지칭하는 용어로는 대중(saṅgha, 大衆, 僧伽),
무리(vagga, 衆, 品) 등이 더 있다. 다만 집단이라는 단어는 데와
닷다 패거리를 일컫는 말로 쓰이면서 정통 비구들에게는 쓰지
않았다. 그와 같이 부정적인 문맥에서는 별중(別衆)으로 한역
되기도 했다. 후대 대승에서 자신들을 지칭하는 보살중(菩薩衆)
이라는 용어가 등장하는데 여기의 衆은 saṅgha가 아니라 gaṇa
였다.

　　참고로, '두세 명'에 해당하는 용어로는 māhajana(衆多人)
가 있었다.

45 즐거움 sukha, 樂

즐거움도 격의법으로 쓰인다는 것을 본문에서 수준별로 잘 드

러내 주고 있다. "한결같은 분은 즐거움이면 그것이 언제 어디서 얻어지건 간에 즐거움이라고 제시하십니다."(초상4-466)라는 문장에서 확연해진다. 그러므로 즐거움이라는 단어는 언제 어디서든 즐거움이라고 번역해야지 문맥에 따라 행복이나 지복 등으로 번역해서는 안 된다. 즐거움의 반대말인 괴로움(dukkha, 苦)이라는 단어도 역시 격의법으로 쓰인다. 다음의 도표로 정리해 보겠다.

구분	즐거움	괴로움
물질적인 차원	감각적인 즐거움 욕망충족의 즐거움	감각적인 괴로움 육체적인 괴로움
정신적인 차원	출세간의 즐거움 선정의 즐거움	출세간의 괴로움 (초맛4-437) 형성작용의 고통스러움과 변질의 고통스러움으로 인한 '불안정'과 '불만족'
궁극적인 차원	꺼짐의 즐거움	'자기 없음'(無我)에 기반한 '무의미'

여기에서 재미있는 점은 궁극적인 차원에서 즐거움과 괴로움은 동전의 양면처럼 한몸두일이라는 것이다. 자기 없음을 실현한 것이 꺼짐이고 그것이 즐거움이 되지만, 실현하지 못한다면 자기 없음, 혹은 그 비었음의 사실이 절대 조건으로 주어져 있기 때문에 모든 생성 활동이 결국 무의미함이라는 궁극적인 진실과 항상 맞닥뜨려야 한다는 괴로움이 깔리게 된다. 다시 말해 '자기 없음'이라는 궁극적인 차원은 출발점이 따로 없는

괴로움의 출발점이다. 또한 '꺼짐이 즐거움'(초앙5-456)이라는 말은 괴로움이 소멸되었기에 즐거움이라고 한 것일 뿐이지 별도로 즐거움을 만끽하는 일이 있다는 말이 아니다. 집약해서 말하자면 궁극적인 '자기 없음'은 궁극적인 즐거움이자 궁극적인 괴로움이기도 하다. 그렇기 때문에 즐거움과 괴로움은 한몸두일이라고 말할 수 있는 것이다.

46 일시적이면서 잠잠한 마음의 풀려남
sāmāyikaṁ vā kantaṁ cetovimuttiṁ

'일시적이면서 잠잠한 마음의 풀려남'이란 잠시 고정된 마음을 말하는 것이고, '일시적이지 않으면서 부동한 마음의 풀려남'은 네 번째 명상 이상의 고정됨을 달성한 경우를 말하며 궁극적으로는 동격자의 마음을 말한다.

47 직제자 sāvakā

'듣는(√śru) 자(ka)'라고 파자된다. 성문(聲聞)이라고 한역되었다. 스승의 목소리를 친히 직접 들은 제자를 말한다. 후대 대승불교에서는 소승의 가르침을 받은 제자들이며 열등한 제자를 의미하는 단어로 왜곡되어 쓰였다. 그러한 이유로 부처님의 친설도 소승, 즉 열등한 탈것이라고 해석될 수 있었다. 그렇다면 대승이라는 위대한 탈것은 친설이 아니라는 말이기도 할 것이다.

48 바로 알아차리게 sampajāno

'알아차린다'(pajānāti, 智慧)는 말은 '본질이나 진실을 즉각적으로 꿰뚫어 안다'는 뜻이다. 이 알아차리다에 접두어 sam(결합, 동일, 동시)이 붙어서 이루어진 단어가 sam-pājānati이다. 正知로 한역되었는데 여기에서 접두어 'sam'을 한역한 '正'은 '올바로'라는 뜻이 아니라 '곧바로'라는 뜻이다. 그래서 sam-pājānati는 '바로 알아차리다'로 번역해야 한다. 4가지 상기의 출발점들을 전체적으로 설명할 때 쓰인 정념정지(正念正知)의 원어는 'sampajāno satimā'인데 '바로 알아차리며 상기하는 이'라는 뜻이다. 알아차림과 상기가 동시적으로 이루어지기에 사용된 표현이다.

　본문에서 충분히 알 수 있듯이 '바로 알아차리다'는 '알아차리다'와 호용할 수 있는 용어다. 다만 알아차림의 즉각적 동일성을 강조하는 단어일 뿐이다.

49 격발하는 ārambha

시작과 노력을 동시에 표현하는 용어다. 본문처럼 정진을 애써
시작하는 긍정적인 뜻으로도 쓰이지만 승잔 제6조에서처럼 신
경을 많이 써야 하고 심신의 힘이 많이 들어가게 하는 곤란한
일을 일으킨다는 부정적인 뜻으로도 쓰인다.

50 품행 sīla, 戒

행위, 습관, 천성, 도덕을 모두 포함하는 용어다. 계행이라는 번
역어는 뜻을 바로 알기 어렵고 덕행은 도덕에 치우친 번역어다.
품행도 격의법으로 쓰인 것이다. 일반적으로는 타고난 성격 내
지 습관화된 행위를 일컫던 말이다. 예컨대 "야생 코끼리를 조련
하여 숲속의 품행(sīla, 습성)을 제어하고, 숲속으로 흐르는 의향
을 제어하고…"(초맛4-290)에서 습관화된 행위를 나타내고 있다.
    한편, 품행은 도덕적인 행위인 덕행을 포함하는 용어다.
불교의 전문적인 문맥에서는 품행이 덕행이라는 의미에 무게
중심을 두게 된다. 대표적으로 '다섯 가지 공부조목들'(pañca
sikkhāpadāni, 五戒)은 재가자의 품행 중에서도 도덕적인 행위들
을 다루는 내용이다.

51 성분 guṇa

guṇa는 성질과 종류를 나타내는 단어다. 德 혹은 質로 한역되었는데 德性을 나타내려는 의도로 번역된 것이고 기본적인 性質을 나타낸다. 또는 重으로도 한역되었는데 무겁고도 중요한 요소를 나타낸다. 결국 '어떤 성질을 가진 기본적인 구성요소'를 나타내는 용어이므로 성분(成分)이라고 번역했다. 고대 인도 철학의 하나인 '상키야 철학'(Sāṅkhya, 數論)에서는 물질(prakṛti, 본질 혹은 기초라는 뜻)이 세 가지 성분으로 구성되어 있다고 봤다. 즉, '밝게 존재하는 성분'(sattva guṇa, 純質), '어두운 성분'(tamas guṇa, 暗質), '움직이는 성분'(rajas guṇa, 動質)을 말한다.

52 눈으로 cakkhu

여기서의 눈이란 영역 차원의 눈을 말한다. 이미 '나다'라는 착각이 결합되어 있으며 식별 범위가 정해진 눈을 말하는 것이다.

53 영역에서 āyatane

이때의 영역은 '여섯 가지 외부 영역들'(六外入處) 중에서 여섯 번째 법의 영역을 제외한 다섯 가지를 말한다.

54 들썽거림 samudācāro

'같이(saṁ) 솟아(√ud) 밖으로(ā) 다니다(√car)'로 파자된다. 흥분과 유사하지만 어원과 문맥으로 봐서는 마음의 오락가락하는 흔들림 내지 그 동요를 나타내는 것으로 보인다. 감정이 북받쳐 오른다는 뜻인 흥분이라는 번역어로는 문맥을 형통하게 하지 못한다.

55 비춰보아야 paccavekkhitabbaṁ, 觀照

원어의 기본형은 paccavekkhati이고 '향하여(paṭi) 아래로(ava) 보다(√ikkh)'로 파자된다. 이 단어는 거울에 자신을 비추어본다고 할 때 쓰였기 때문에(초맛2-581) 반조의 의미도 들어 있다. 다만 몸의 31가지 부분들을 관조하는 용어로도 쓰이므로(초디 2-505) 반조라는 의미로 한정하는 것은 문제가 있다.

56 욕구와 애착 chandarāgo

흔히 chandarāga는 욕탐(欲貪)이라는 한 단어로 취급되며 번역되고 있다. 하지만 "눈으로 식별될 방해물에 대해서 욕구 혹은 애착 혹은 화 혹은 어리석음 혹은 거리낌이 내 마음에 있는

183

가?"(M3-294, 초맛4-608)에서 욕구와 애착이 각각 점검할 요소로 분리되어 나타난다. 그러므로 chandarāga라는 복합어는 일단 chanda와 rāga, 즉 '욕구와 애착'이라고 각각 번역하는 것이 안전하고 의미를 분명하게 전달한다고 할 것이다.

57 스러짐 atthaṅgama

원어 atthaṅgama의 의미는 일몰을 뜻하는 'attha'에 '√gam'(가다)을 붙여서 해나 달이나 별이 져 가는 것을 말한다. 다음의 문장에서 의미를 헤아려 볼 수 있다. "마치 불꽃이 맹렬한 바람으로 멸진되었을 때 스러지며(attham) 달아나기 때문에 접근하며 규정할 수 없습니다. 그와 같이 성자가 명칭의 유형으로부터 풀려났을 때 스러지며 달아나기 때문에 접근하며 규정할 수 없습니다."(한숫-825)

58 '나다'라는 착각 asmi māna

'내가 있다.'라는 착각이라고 번역할 수도 있다. 'asmi'는 '내가 브라흐마다.'(Aham Brahmā asmi)라는 브라만교의 궁극적 깨달음을 대표적으로 표현한 구절에서도 쓰였다. 여기에서도 알 수 있듯이 'asmi'는 '(나는) ~이다.'라는 뜻이다. 영어로 하자면 'I am Brahmā'에서 'am'에 해당한다.(aham은 I에 해당함)

착각(māna)은 자만(慢)이라고 번역되고 있지만 여러 문맥에서 형통하지 못하다.(대끝-208) 여러 착각들이 있지만 궁극적으로는 '나'라고 생각하는 착각을 말하려는 용어다.

59 동등한 가치가 있겠습니까 arahati

arahati에서 파생한 명사가 arahant이고 아라한(阿羅漢) 혹은 응공(應供)이라고 한역되었다. 아라한은 음역이고 응공은 오역이다.(대끝-191, 비급-15) 응당 동격자(同格者)로 번역되어야 하고 '동등한 가치와 자격이 있는 이'라는 뜻이다. 격의법으로 쓰인 용어다. 브라만교에서 범아일여 사상에 입각해서 브라만과 동격에 도달한 이를 칭하던 단어였다. 본문의 번역은 동등한 가치라는 의미를 살리기 위해 직역해 보았다. '동격이겠습니까'라고 번역할 수도 있겠다.

60 침해 upaddava

'가까이(upa) 달리다(√dru)'로 파자된다. 축자적으로는 '들이닥침'으로도 풀이되는데 재난과 위험이 들이닥친다는 뜻을 말하려는 단어다.

61 내제자 antevāsi, 內弟子

'내부에서(ante) 살다(√vas)'로 파자된다. 스승과 함께 살며 배우는 친밀한 제자를 말한다. 바둑 용어로 번역해 봤다.

62 떨어진 vivittaṁ

'분리되어(vi) 넓히다(√vic)'로 파자된다. vivi ccati(떨어지다)의 과거수동분사형이다. 본문의 문맥에서 나타나듯이 일차적으로 '공간적인 벌어짐'을 뜻하는 단어다. 이것의 명사형은 viveka인데 이 단어는 '첫 번째 명상'(初禪)의 정형구에서 등장한다. "여기에서 비구는 욕망으로부터 아예 떨어지고(vivicca) 안 좋은 법들로부터 떨어져서(vivicca), 떠올리기와 살펴보기를 지니며, 떨어짐에서(viveka) 생긴 희열과 즐거움이 있는 첫 번째 명상에 들어서 거처합니다." 여기에서의 떨어짐이란 심리적 거리를 말한다. 본문의 제6 단락에서도 쓰였다. 격의법으로 쓰인 것이다. 각묵 스님의 '떨쳐버림'이나 전재성 박사의 '여읨'도 틀리지는 않지만(본문에 있어서는 두 분 다 '외딴'이라고 번역했다.) 어원과 일차적인 의미를 살려서 '떨어짐' 혹은 '떨어지기'로 번역하는 것이 어느 문맥에서나 적절하다.

금강반야바라밀경
벼락 치듯 알아차림으로 도착하기

63 벼락 金剛

금강에 해당하는 범어는 vajra인데 벼락을 의미한다. 벼락은 번
개의 일종이다. 지상으로 내리치는 번개를 벼락이라 한다. 벼락
은 번쩍하는 섬광과 함께 내리치며 사물을 쪼갤 수도 있어 본
경의 이름에서 알아차림의 특징인 빛과 타파의 성질을 비유적
으로 잘 나타내고 있다. '벼락 치듯'으로 번역한 범어는 'vajra-
chedika'인데 '벼락이 자르는 것과 같은'이라는 뜻이다. 금강이
아닌 벼락이라는 원래 의미를 되살린 이유는 지혜라고 한역된
범어는 'prajñā'(빨리어로 paññā)로, 순우리말로는 '알아차림'이
라는 뜻이어서 이 의미 내지 어감과 맞아떨어지는 수식어는 금
강보다 벼락이 알맞다고 봤기 때문이다.

64 알아차림으로 도착하기

prajñāpāramitā, 般若波羅蜜

알아차림(prajñā, 慧, 般若)은 '즉각적으로 꿰뚫는 앎'을 말한다. 기존에는 지혜로 번역되었지만 추상적인 번역어여서 바로 알아듣기 힘든 애매한 단어가 되었다.(비급-449)

　　도착하기(pāramitā, 빨리어로 pāramī)는 '저쪽에(pāram) 도달(√ī) 상태(tā)'로 파자해 볼 수 있다. 到彼岸으로 한역되었는데 원래 도착지를 뜻하는 말이었다. 후대 수행법으로 쓰일 때는 '도착하기'로 번역하는 것이 어울린다.

65 제시된 자리에 앉으셨습니다

nyaṣīdat prajñapta, 敷座而坐

범어 원문에는 "가부좌를 틀고 몸을 곧추세우시면서 대면하며 상기를 현전시키셨습니다."라는 문장이 이어서 첨가되어 있다. 여기에서 '대면하며'는 pratimukhīṁ(빨리어로 paṭimukhaṁ)인데 근본 경전의 정형구에서는 parimukhaṁ(全面的으로)이라는 단어로 되어 있다. 근본 경전에서 '오로지' 혹은 '철저하게'의 뜻으로 쓰인 parimukhaṁ이 더 알맞은 단어로 보인다. 이것저것 여기저기 일을 하다 보니 주의가 분산되었는데 이제 앉아서 오로

지 '전면적으로' 수행 주제만을 마음에 떠워서 현전시킨다는 문맥에서 나온 것이기 때문이다. 이것을 요즘 아비담마 철학의 주석에 의지해서 '얼굴 주위에'라든가 '코끝 내지 인중 앞'이라고 해석하는 것은 편협한 이해다.

그런데 수행 주제를 마음에 떠우는 기능이 바로 상기(sati, 念)다. 기억해 둔 수행 주제를 떠올린다는 말이다. 상기의 기능이 지금까지 잘 밝혀지지 않은 이유는 첫째로 격의법을 모르기 때문이고, 둘째는 수행 주제가 저절로 상기되는 체험이 없어서 확신 있게 개념을 연결 짓지 못하기 때문이다. 어쨌든 범어 원문을 옳게 번역하면 '전면적으로 상기를 현전시켰습니다.'가 된다. 그런데 이 정형구는 부처님께서 '따로 머물기'를 할 때 등장하는 문장이지 제자들에게 법문하기 전의 모습을 묘사하는 문장은 아니다. 그러므로 금강경의 상황과는 어울리지 않는다.

대승 경전은 대부분 구체적인 수행 방법에 관련해서 무지함을 드러낸다는 공통점이 있다. 금강경의 도입부에서도 근본 경전의 정형구를 어설프게 흉내내다가 그 무지함을 드러내고 말았다. 구마라집도 이것을 눈치채고서 생략한 것인지도 모르겠다.

66 우요삼잡 右繞三匝

범어 원문에는 "그러자 많은 비구들이 세존께서 계신 그곳으로 다가갑니다. 다가가서는 세존의 양발에 머리로 예경을 드리고 나서 세존을 오른쪽으로 세 번 돌고 한쪽에 앉았습니다."라는 문장이 나온다. 그런데 '오른쪽으로 세 번 돌고'(右繞三匝)는 헤어지며 떠날 때의 예법이어서 금강경의 작자는 이 예법을 모르는 후대인이라는 것을 알 수 있다. 구마라집이 잘 생략했다.

67 보살 bodhi-satta, 菩薩

'깨달음 존재자'로 직역된다. 이런 의미로 覺有情이라고 한역되기도 했다. '깨달음에 관계된 존재자'라는 뜻이다.

68 위없고 바르며 같은 깨달음
阿耨多羅三藐三菩提, 無上正等覺

범어 원문에는 '위없고'(anuttarā, 無上)라는 수식어는 없고 '바르며 같은 깨달음'(samyak sambodhi, 正等覺)이라고만 되어 있다. 모두 갖춘 용어는 제7, 8, 14, 17, 22, 23, 27분에만 나온다. '바르며'는 지극히 적절하다는 뜻이고 '같은 깨달음'이란 부처님이

나 제자 동격자들의 깨달음은 동격이어서 같다는 뜻이다.

69 양가의 아들 kula putra, 善男子

양가의 아들은 근본 경전에서 "양가의 아들들이 제한된 공간에서 무제한의 공간으로 올바르게 출가하는 목표인 그 위없는 신성한 실천의 완결을 현실법에서 스스로 뛰어난 앎으로 실현하고 들어가 거처했다."(초상1-496)라는 정형구로 종종 등장한다. 반면에 '양가의 딸'(kula duhitā, 善女人)은 거의 쓰이지 않는다.(한비-608에서 쓰였다)

  어쨌거나 양가의 아들이든 양가의 딸이든 모두 세속인을 지칭하는 용어들이다. 근본 경전들의 대상자는 대부분 비구 비구니였으나 대승 경전들의 대상자는 대부분 보살이나 세속인들이라는 차이점이 있다. 이 차이점은 아마도 대승 경전의 작자가 정통 비구 비구니들에게 적대적이었거나 그 자신이 세속인이었으리라는 추측을 하게 만든다. 설사 부처님의 직제자가 등장하더라도 수준이 떨어지는 것으로 묘사된다. 금강경의 수보리도 부처님의 말씀을 곧바로 알아듣지 못하거나 이제서야 알아듣고 눈물을 흘리는 존재로 다루어진다. 금강경에서부터 대승 경전의 기본 태도가 나타난다고 할 수 있겠다. 물론 금강경은 도입부에서 비구들이 부처님의 법문을 듣기 위해 모이는 모

습이 묘사되어 있지만 구마라집은 생략했다. 친설로 위장하기
위한 모방일 뿐이어서 생략하는 것이 전체적으로 어울린다.

70 그 마음을 어떻게 두고 어떻게 다스려야 합니까?
應云何住 云何降伏其心

범어 원문에는 '마음을 두고'(sthātavyaṁ, 住)와 '다스려야'(pra
grahītavyam, 降伏) 사이에 '이행(履行)해야 하며'(prati-pattavyaṁ,
현장은 '修行'이라 한역함)라는 단어가 더 있다. '이행'은 '향하
여(prati) 걸어가다(√pad)'로 파자된다. '중간 행보'(majjhimā
paṭipadā, 中道)에서의 '행보'와 똑같이 파자된다. 아마도 구마라
집은 마음을 두고 다스리는 것이 어차피 실천수행이기 때문에
'이행'이라는 단어는 군더더기라고 보고 생략한 것 같다. 그러나
마음을 실제로 '운용해 나가는 중간 과정'이 사라지는 아쉬움이
있다. 부처님 말씀이라고 생각하는 제자라면 굳이 생략할 필요
는 없었을 것이다.

71 잘되었고 잘되었습니다. sādhu sādhu, 善哉善哉

평가와 질문이 잘되었다는 말이다. 원어 sādhu는 '이루어지다'
(√sādh)에서 파생된 단어다. 긍정과 찬탄을 동시에 표현하는

용어다.

72 수보리님 ～ 잘 새겨 들으십시오 須菩提 ～ 汝今諦聽

부처님과 수보리 장로와의 대화는 상호 존댓말을 썼다. 수보리 장로는 부처님보다 30살 이상 연장자이기 때문이다. 범어에는 높임체가 없지만 부처님께서 우리말을 쓰셨다면 반드시 존댓말을 사용하셨을 것이 분명하다. 또한 경을 전달하는 암송자도 대중 앞에서 전달하고 있는 상황이므로 존댓말을 써야 합당하다. 호칭에 대해서는 본문에서 '아난다 존자(āyasmā)'라고 존칭을 써가며 상황을 묘사하고 있으므로 수보리도 수보리님으로 존칭했다. 다만 '부처님께서 수보리님에게 말씀하셨습니다.'처럼 압존법을 적용할 필요가 있는 경우에는 '수보리님께'와 같은 높임법은 쓰지 않았다.

73 무여열반 anupadhiśeṣe nirvāna, 無餘涅槃

정확한 한역으로는 無取餘涅槃(무취여열반)이라고 번역했어야 했다. 우리말로는 '포착된 잔재가 없는 꺼짐'으로 번역할 수 있다. 한역에서 생략한 포착(取, upadhi, 빨리어로 upādi)이란 몸으로 붙잡거나 인식상으로 파악하는 두 가지의 일반적인 의미를 동

시에 갖는다.(해설 27번)

　　불교의 전문적인 의미는 '욕구와 애착을 가지고 인식상으로 움켜쥐며 파악하는 행위'를 말한다. 구체적으로는 12고리의 제9고리에서 나온다. '포착된 잔재가 없는 꺼짐'은 동격자의 죽음을 나타내는 용어라고 이해되어 왔지만 동격자가 살아 있을 때 실현된 경지이다. 이 용어와 대응해서 '포착된 잔재가 있는 꺼짐'(有餘涅槃)이라는 용어가 동격자의 살아 있을 때의 경지라고 제시되었지만 후대의 창작된 용어라고 보인다.(비급-163) 어쨌거나 금강경은 아직 무여열반에 대해 거부하는 대승사상에는 이르지 못했다는 것을 알 수 있다.

74　존재자 satta, 衆生

현장은 有情(감정이 있는 것)이라고 한역했다. 구마라집이나 현장 모두 satta를 생명체라는 의미에 중점을 두고 번역했다. 그러나 'satta'는 존재를 뜻하는 'sat'라는 어원에서 파생한 단어다. 파자하자면 '존재(√sat)하게 된 것(ta)'이라고 할 수 있다. 그러므로 존재자(存在者)라고 하는 것이 직역이다. 물론 윤회하는 생명체를 말하려는 단어이지만 어원에 입각한 직접적인 뜻은 생명보다 존재에 출발점과 중심점이 있다. 직역으로 번역해야 하는 이유는 금강경의 4상 중에 중생상을 '존재자라고 인지

함'이라고 직역해야 그 원래 의미를 유추할 수 있기 때문이기
도 하다. 그래서 '존재자라고 인지함'이란 '내가 있다.'라는 고
정관념을 기본으로 가지면서 '나는 존재해 왔고 존재하고 있고
존재할 것이다.'라는 고정관념을 나타내는 용어라는 것을 알 수
있을 것이다.

75 제도한 존재자가 없다고 實無衆生 得滅度者

좀 더 바람직한 표현으로는 '제도했던 나란 없다고'라고 해야
할 것이다. 물론 존재자도 존재자라고 할 만한 실체가 없지만
제도했다는 문맥에서는 그렇게 제도한 '나'라는 실체가 없다는
지적이 더 근본적일 것이다.

76 인지함 saṁjñā, 相

한문 원문에서 구마라집이 번역한 '相' 자는 범어 원본과 대조
한 결과 3가지 단어를 모두 똑같이 번역한 단어다. 직역 위주의
현장의 번역과 대조해 보면 아래와 같다.

범어	구마라집 번역	현장 번역	용례
saṁjñā	相 / 想 / 信	想	我相, 人相, 法相 / 제3분의 有想·無想 / 제6분의 實信

nimitta-saṁjñā	相	相想	제4분의 不(無)住相布施
lakṣaṇa	(身)相	相	제5분 전체, 具足諸相, 三十二相

각 단어를 풀이하자면 다음과 같다.

① saṁjñā(빨리어로는 saññā)는 '관념적으로 규정하는 앎'을 의미한다. 부처님께서는 동사성을 강조하며 인지한다 (sañjānāti)고 해서 인지함(saññā)이라고 합니다.(초상3-276)라고 규정하셨다. 그런데 금강경에서는 인지 중에서도 고정관념의 뜻만을 취해서 인지를 사용한다. 그렇기 때문에 구마라집은 모양처럼 굳어진 생각으로 파악해서 相을 번역어로 선택한 듯싶다. 다만 구마라집은 saṁjñā가 제3분에서처럼 단순히 '인지'라는 의미로 쓰일 때는 想으로 옮겼다. 그러나 어느 경우든 원래의 의미를 되살려도 금강경을 파악하는 데 문제가 없고 오히려 쉽게 읽혀지며 용어의 의미 변화를 파악하는 것에도 도움이 되리라고 생각되어서 '인지함'이라고 번역했다.(해설 14번)

② 'nimitta saṁjñā'는 본문에서 不(無)住相布施에서만 쓰였다. nimitta는 相이라고 한역되는 대표적인 단어다. 감각기관에 찍히는 이미지인 인상을 의미한다. 그래서 'nimitta saṁjñā'는 '인상에 대해 인지함'이라고 번역할 수 있는데 드러나는 것에 집착하는 생각이라고 풀이할 수 있겠다. 그러므로 無住相布施

란 그런 생각에 사로잡히지 않는 보시를 말한다. 밖으로는 생색 내지 않는 보시이자 안으로는 보시했다는 생각마저 없는 보시다. 결국 안팎으로 흔적을 남기지 않는다는 뜻으로 봐서 한글 번역은 '흔적 없는 보시'라고 의역했다.

③ lakṣaṇa는 부처님의 원만상을 나타내는 32相에서의 相에 해당한다. 머리에서 발끝까지 신체상의 특징을 말한다. 그러나 목소리 등도 포함되므로 모양새만을 나타내는 단어가 아니다.

77 금강경의 四相

인지함(四相)	범어	내용
자기라고 인지함 (我相)	ātma- saṁjñā	현상적인 나를 나이게끔 해주는 영원불변한 본질적인 자아가 있다고 빠져드는 생각. 여기에서 我(ātman)란 개인적인 실체인 자아만이 아니라 모든 존재의 실체(창조신·영혼·본래자리·원자 등)를 상징한다. 그리고 다른 인지함들을 파생시키는 근원이기도 하다.
개체라고 인지함 (人相)	pudgala -saṁjñā	나라는 존재는 오온의 변화하는 흐름이지만 변화하며 흐르는 개체는 연속성을 가지고 영원히 지속된다고 인지하는 것. 그러한 개체성은 '오온과 같지도 않지만 오온과 떨어져 있는 것도 아니다'(非卽非離蘊). 이것은 후대 아비담마 학파 중 독자부(犢子部), 즉 보특가라 학파의 주장이었다. 그러나 개체성이란 결국 자기동일성을 갖는 자

		아 관념이 덧붙여진 변용된 개념에 불과하다.
존재자라고 인지함 (衆生相)	sattva -saṁjñā	'sattva'란 직역해서 '(살아가고 있는) 존재'라는 뜻 이다. 현장은 '有情'(감정이 있는 생명체)이라고 한 역했다. 자신은 과거 현재 미래에 걸쳐 지속되는 존재라 고 인지하는 것을 말한다.
생명이라고 인지함 (壽者相)	jīva -saṁjñā	자기의 근원은 영원히 죽지 않는 순수한 생명에 있다고 인지함. 현실적으로는 그로 인해 자기 죽 음에 대한 깊은 자각을 방해하거나 목숨에 집착 하게 하는 인지이다.

'네 가지 인지함'(四相)에서의 합성어들은 근본 경전 어디에도 나오지 않으며 역대 주석가마다 해석이 각기 달라서 정확하게 규정하기 힘들다. 다만 근본 경전에서 '자기가 없다고 인지함' (an-atta saññā)과 '나다'라는-착각(asmi-māna)이라는 용어는 나온다. '나다'라는 착각에서 착각은 인지의 하나라고 볼 수 있으므로 결국 같은 내용을 표현한다고 할 수 있다. 다만 위의 내용 설명은 여러 가지 주석들을 종합해서 역자가 재규정한 것이다.

참고로 현존 범본에서는 확인할 수 없지만, 현장은 위의 네 가지가 아닌 일곱 가지로 번역하고 있다.

즉, ①명자상(jīva saṁjñā, 命者想), ②사부상(puruṣa saṁjñā, 士夫想), ③보특가라상(pudgala saṁjñā, 補特伽羅想), ④의생상 (manuja saṁjñā, 意生想), ⑤마납바상(māṇava saṁjñā, 摩納婆想), ⑥작자상(kartā saṁjñā, 作者想), ⑦수자상(bhoktā saṁjñā, 受者想)

78 보살은 또한 대상에 마음을 두지 않고 보시해야 합니다. 菩薩於法應無所住

이 원문과 제14분의 若菩薩心住於法而行布施(만일 보살이 대상에 마음을 두고서 보시한다면)에서 法은 dharma가 아니라 vastu(기초적인 대상)이다.

금강경의 핵심 용어 중에 하나가 '住'일 것이다. 금강경에서 가장 유명한 구절인 '應無所住, 而生其心'(어디에도 마음을 두지 말고 그 마음을 내야 합니다.)에서도 등장하는데, 범어로는 'prati-ṣṭhita'이다. 보통은 '확립하다'로 번역하면 맞는 단어다. 'prati'는 '~를 향해'란 뜻이고, 'ṣṭhita'는 '서다'란 동사다. 전체적으로 '~를 향해 디디고 서 있다.'란 뜻으로 마음을 어디에 두면서 집착하고 얽매어 있는 상태를 나타내고 있다. 이런 의미로 봐서 '住'는 모두 '마음을 두다'로 의역했다.

79 사실이라는 믿음을 bhūta saṁjñām, 實信

범어 원문은 '사실이라고 인지함을'이라고 되어 있다.

80 마지막 오백 년 後五百歲

불멸 후 500년마다 나타나는 변화 중 마지막 500년, 즉 투쟁견
고의 시대를 말한다. 물론 후대에 정리된 구분이다.

　　①해탈견고(解脫堅固) ②선정견고(禪定堅固) ③다문견고
(多聞堅固) ④탑사견고(塔寺堅固＝福德堅固) ⑤투쟁견고(鬪爭堅
固)

81 확신을 prasādam, 淨信

금강경에 나타난 세 종류의 믿음을 도표로 정리해 보겠다.

믿음	범어(pāli)	내용	용례
信	śraddhā (saddhā)	일반적으로 '믿음'으로 번역되는 단어다. '신뢰'에 가깝다.	제21분, 生信心不
淨信	prasāda (pasāda)	보통의 믿음보다 더 뚜렷하게 확고해진 상태다. 즉 '확신'을 말한다. 근본 경전에서는 예류자의 믿음으로도 쓰인다.	제6분, 乃至一念 生淨信者
信解	adhimoksa (adhimokkha)	확신보다 더 흔들림 없는 믿음이다. '확고함'이라고 말할 수 있겠다.	제14분, 信解受持/제17분, 通達無我法者에서의 通達/제31분, 如是信解

근본 경전에 비추어봤을 때, 크게 틀리지는 않은 것 같다. 다만 확고함(adhimokkha)은 제3해탈과 같이 흔들림 없는 마음 상태를 묘사할 때 쓰인다. 그리고 동격자들에게는 믿음이 없다. 다만 '법의 순리'(dhamma anvaya, 초디3-187)에 의한 확실해지는 (sampasādanīya, 초디3-214) 경지만이 있다. '확실해짐'은 믿음의 끝이다.

82 뗏목 kola, 筏

뗏목의 비유는 근본 경전에도 등장한다.(초맛1-545, 초맛2-215) 금강경의 뗏목의 비유는 근본 경전에서와 같이 법도 취하지 말고 비법도 취하지 말라고 하는 취지에서 쓰인 것이다. 그러나 금강경에서의 비유는 자세한 설명이 없어서 자칫 강을 건너기도 전에 뗏목을 버리는 실수를 유발할 수 있다.

근본 경전에서는 자세히 설명하기를, 뗏목은 건너가기 위한 것이지 움켜쥐기 위한 것이 아니라고 하며(초맛2-215) 강을 건넌 후에는 버려야 할 것이라고 했다.(초맛1-546) 여기에서도 뗏목은 부처님께서 설하신 법을 비유한 것이다. 그러므로 강을 건너지 못했다면 뗏목을 버리지 말고 움켜쥐어야 하듯이 부처님께서 설하신 법도 동격과를 얻지 못했다면 버리지 말고 움켜쥐어야 한다.

범어 원문을 보면 '뗏목의 비유인 법의 과정을'(kolopamaṁ
dharma-paryāyam)이라고 되어 있어서 뗏목이 과정상의 도구임
을 명백히 하고 있다. 과정일 뿐이라는 것을 파악하고 있다면
끝까지 집착하는 일은 없을 것이다. 과정(빨리어로 pariyāya)이라
는 단어는 방편이나 법문으로 번역되고 있지만 정확한 번역어
는 아니다.(비급-114)

83 어떠한 정해진 법도 없으며 na asti sa kaścid dharmo

구마라집의 한역은 無有定法(정해진 법이 없다)이고 현장의 한
역은 無有少法(조금의 법도 없으며)이다. 범어 원문은 '그 어떠한
법도 없으며'로 직역할 수 있다. kaścid는 빨리어로 koci인데
'어떠한 것이든'이라는 뜻이므로 구마라집의 定보다는 현장의
少가 좀 더 정확한 직역이라 할 수 있다.

문맥상 구마라집의 '무유정법'이라는 의역은 실체로서 확
정된 깨달음이란 없다는 것을 표현한 것이라고 봐야 할 것이
다. 다시 말해, '정해진'을 '실체로 정해진'으로 보완해서 이해
해야 된다는 말이다. 『원각경』에서처럼 원각(圓覺)이 존재를 발
생시키는 실체로 다루어지는 폐단을 보면 그러한 지적은 필요
성이 있다.(대끝-330) 그러나 '정해진 법이 없다'는 표현은 후대
에 아무것도 확정적으로 말할 수 있는 법은 없다는 회의론으로

오해되기도 했다. 이것은 '뱀장어처럼 빠져나가는 자들'(amarā-vikkhepikā, 초디1-131)인 산자야의 회의론과 같은 부류일 뿐이다.(초디1-213) 또한 부처님 말씀에도 위배된다. 부처님께서는 3법인과 따라서-같이-생겨남을 '확정된 경계' 혹은 '법의 확정성'이라 하셨기 때문이다.(초앙1-634, 초상2-164)

84 모든 성인들은 형성된 것이 없음을 통해서 차이가 나기 때문입니다 asaṁskṛta-prabhāvitā hy-ārya-pudgalāḥ, 一切賢聖 皆以無爲法而有差別

범어 원문을 직역하자면 '성스러운 개인들은 형성된 것이 없음-두드러진 것으로 때문이다(hy).'가 된다. 여기에서 '형성된 것이 없음'(asaṁskṛta, 無爲)은 근본 경전에서 꺼짐(涅槃)과 동의어다. 그러므로 본문의 성인(ārya-pudgala, 賢聖)이란 꺼짐을 달성한 동격자를 말하는 것이고 동격자라야 궁극이며 다른 이들과는 현격한 차이를 보인다고 말하는 것이다. 금강경의 작자도 제9분에서 깨달은 이를 예류자에서 동격자까지만 다루는 것을 보면 아직 대승의 깨달음의 과위를 접하지 못한 것으로 보인다. 그러므로 이 구절은 동격자가 꺼짐을 달성하여 특별해지는 것을 표현했다고 봐도 될 것이다.

'차별'이라고 번역된 범어는 'prabhāvita'인데 '앞으로

(pra) 생성된 것(bhāvita)'이라고 파자된다. '앞으로 도드라지게
된 것'을 의미하므로 현장은 '所顯'(드러난 것)이라고 한역했다.
구마라집이 잘 의역했다고 보인다.

85 일곱 가지 보물 sapta ratna, 七寶

대승 경전들에 나타난 것을 종합해 보면, 금(suvarṇa, 金), 은
(rajata, 銀), 유리(vaiḍūrya, 瑠璃), 파리(sphaṭika, 頗梨), 차거
(musāra-galva, 車磲), 적주(lohitamuktikā, 赤珠), 마노(aśmagarbha,
瑪瑙)를 말한다.

86 이 복덕이란 복덕이라고 할 만한 본성이 없으니, 이 때문에 한결같은 분께서는 복덕이 많다고 말씀하신 것입니다. 是福德 卽非福德性是故如來說福德多

범어 원문을 직역하면 "한결같은 분에 의해 설해진 그 복덕 덩
어리는 한결같은 분에 의해 덩어리가 아니라고 설해졌습니다.
그래서 한결같은 분은 복덕 덩어리, 복덕 덩어리라고 설하십니
다."이다. 이 문장들은 금강경에서 'X 卽非-X 是名 X' 구문, 줄
여서 '즉비 구문'이 처음으로 완전하게 사용된 곳이다. 금강경
을 이해하는 데 핵심 구문인 즉비 구문의 원문을 도표화해 보

겠다.

	한역	범어(sanskrit)
원문	如來說 X 卽非 X, 是名 X	X iti a-X sa Tathāgatena bhāṣitā tenocyante X iti
번역	여래께서 X란 곧 X가 아니라고 설하 시나니, 이것을 X라고 이름 부른다.	X라고 하는 것은 X라고 할 만한 것이 없다고 그것은 한결같은 분에 의해 설해졌나니, 그 래서 말해지기를 X라고 한다.

'卽非 X'(X가 아니다)는 '卽無 X'(X가 없다)라고 번역할 수
도 있다. 이것은 X의 실체가 없다는 구절이다. 그래서 본문에는
'복덕이라고 할 만한 본성이 없으니'(卽非福德性)라고 했던 것이
다. 범어 원문에는 없는 본성(性)이라는 단어는 자성(sabhāva, 自
性)을 말하는 것으로 봐도 되는데, 그렇다면 곧 실체를 의미한
다. 그러므로 구마라집은 '복덕의 실체'가 없다고 본 것이다. 적
절한 의역으로 보인다. 그래서 본문에서도 '卽非 X'를 'X라고
할 만한 것이 없다.'라고 번역했다.

한편, '是名 X' 구절은 정확히는 '是故名 X'(그래서 X라
고 부른다)라고 해야 범어 원문에 부합하고 문맥 또한 선명해진
다.(대끝-357) 이상과 같이 'X 卽非-X 是名 X' 구문을 전체적
으로 연결해서 번역하자면 'X는 X라고 할 만한 것이 없나니,
그래서 X라고 부른다.'이다. 결론적으로 X라는 용어가 무엇이

든 부처님께서 그것을 쓴다는 것은 '실체가 없는 X'라는 의미
로 쓴다는 얘기다. 알고 보면 자기 없음, 즉 무아사상을 반어적
인 어법으로 비틀어 말한 문장일 뿐이어서 특별히 심오하다고
할 만한 것은 없다.

87 동격자다움 arhattvaṁ, 阿羅漢道

'arhat'(동격자)에 성품의 뜻을 더해주는 추상형 어미 'tva'를 붙
여 만든 단어다. '동격자의 경지'라고 풀이할 수 있겠다.

　　대승의 공통점 중 하나는 깨달음의 과위와 그 수준에 대
해 구체적인 이해가 결여되어 있다는 점이다. 금강경의 본문도
역시 변별력이 없는 구분일 뿐이다. 예컨대 동격자가 아닌 이
상 '나다'라는 착각이 남아 있어서 '내가 일래자가 되었다.'라는
생각을 가질 수 있다. 이와 같이 수행의 목적이자 결과물에 대
한 정확한 이해 없이 수행을 점검하는 것은 위험한 일이다. 근
본 경전에서는 깨달음을 점검할 금강 잣대가 제시되어 있다. 그
것은 바로 '다섯 가지 낮은 결박들'(五下分結)과 '다섯 가지 높은
결박들'(五上分結)이다. 아래의 도표로 정리해 보겠다.

구분	결박	내용	과위
다섯 가지 낮은 결박 五下 分結	존재유형에 대한 견해 (sakkāya-diṭṭhi, 有身見)	존재의 기본 유형인 '다섯 가지 포착 덩어리들'(五取蘊)을 자아로 관련시키는 견해	예류자
	품행과 서약에 대한 고집 (sīlabbata parāmāsa, 戒禁取見)	금기와 의례, 의식 등에 대한 형식적이고도 맹목적인 집착	
	의심 (vicikicchā, 疑)	불법이 진리임을 의심함 불교의 수행법이 깨닫는 방법임을 의심함	
	욕망의 욕구 (kāmacchanda, 慾愛)	감각적 쾌락에 이끌림, 성욕이 핵심을 이룸	일래자 불환자
	언짢음 (vyāpāda, 瞋恚)	짜증, 반감, 적대감, 악의 등의 화(dosa)가 일어나게 함	
다섯 가지 높은 결박 五上 分結	방해물에 대한 애착 (rūpa-rāga, 色愛)	형색과 거리낌이 있는 물질적 대상 경계에 이끌림	동격자
	무방해물에 대한 애착 (arūpa-rāga, 無色愛)	형색과 거리낌이 없는 정신적인 경계에 이끌림	
	착각 (慢, māna)	'나다'라는 착각이 핵심임	
	들뜸 (uddhacca, 掉擧)	동요가 일어남	
	깜깜모름 (avijjā, 無明)	①네 가지 성스러운 진실들을 간파하지 못함(초상 2-101)	

②하늘눈, 전생, 유입의 멸
진 등(三明)을 훤히 알지 못
함(초맛1-220)
③다섯 덩어리들의 생멸과
그 달콤함, 벗어남을 생성
된 대로 알아차리지 못함
(초상3-442)
④무상한 것을 항상한 것으
로 여김(초상1-503)

88 다툼이 없는 고정됨 araṇā vihāriṇām, 無諍三昧

범어 원문은 고정됨(samādhi, 三昧)이 아니라 '거처하는 이들'
(vihāriṇi)로 되어 있다. 그래서 현장은 無諍住라고 직역했다. 근
본 경전에서도 수보리(Subhūti)는 '다툼 없이 거처하는 이들'
(araṇa vihārīnaṁ) 가운데 으뜸이라는 칭찬을 듣는다.(초앙1-118)
그리고 본문에서는 다툼이 없다는 것을 욕망을 여읜 것으로 두
루뭉술하게 해석하지만 근본 경전에서는 일곱 가지의 구체적
인 내용을 제시한다.(초맛4-474)

후대 대승에서는 고정됨에 대해서 실제 수행의 과정과 경
지는 사라지고 막연한 높은 경지에 붙이거나 신비스럽게 과장
된 능력을 나타내는 용어로 전락하는 모습을 보여준다. 구마라

집의 번역에서도 그런 태도가 깃들어 있다.

89 어디에도 마음을 두지 않고 그 마음을 내야 합니다.
應無所住而生其心

6조 혜능 스님의 깨달음의 기연이 되어주었기 때문에 유명해진 구절이다. 이것은 근본불교의 입장에서 보자면 '자기 없이 따라서 같이 생겨남'(無我緣起)을 마음 쓰기에 적용시킨 내용이라고 보인다. 그리고 이것은 예류자가 깨닫는 내용이기도 하다.(초앙6-330) 물론 혜능 스님은 이 구절로 처음 깨달은 이후에 보임을 통해 아마도 불환자에 도달했다고 개인적인 추정을 해본다.(대끝-516) 이 구절에 대한 야보도천(冶父道川) 스님의 게송에서도 '자기 없이 따라서 같이 생겨남'을 서정적으로 표현하고 있다.

山堂靜夜坐無言
산 당 정 야 좌 무 언
고요한 밤, 산속 집에 말없이 앉았으니

寂寂蓼蓼本自然
적 적 요 요 본 자 연
본래부터 그대로가 텅 비어서 고요한데,

何事西風動林野
하 사 서 풍 동 림 야
무슨 일로 바람 불어 나뭇가지 흔들리고

一聲寒雁唳長天
일 성 한 안 려 장 천
기러기의 울음소리 먼 하늘로 퍼지는가.

90 벼락 치듯 알아차림으로 金剛般若

근본 경전에 의하면 알아차림(paññā, 慧)에는 세 가지가 있다.
도표로 설명해 보겠다.

종류	용어 풀이	불교에서의 내용	세상에서의 내용
聞慧	들어서 생기는 알아차림	법문을 많이 듣고, 경전을 읽고 외워서, 많이 아는 것을 통해서 통찰함. 혹은 언하대오	지식·정보·학습
思慧	사색해서 생기는 알아차림	배운 내용을 깊이 고찰하며 적용하며 습득하는 지혜. 무아에 대한 통찰	응용 및 종합 판단력
修慧	개발해서 생기는 알아차림	멈춤(samatha, 止) : 하나의 대상이나 개념에 마음을 고정시킴. 그로 인한 통찰이나 신통(신족·타심·숙명·천안·천이)	기도·명상(외도 수행이나 이교도의 최고 도달점)
		분석관찰(vipassanā, 分釋觀察) : 현상의 여러 변화(예 : '네 가지 상기의 출발점들'四念處)를 분할·해석하며 매순간 놓치지 않고 알아차림 → 깨달음 → 생사해결	식별·분별 정도의 분석과 관찰만 있을 뿐 생사해결 수준의 분석관찰은 없음

금강경의 알아차림은 어디에 속하는 알아차림인지 의문이 들 수 있을 것이다. 벼락 치듯 알아차린다는 것이 깨달음의 차원이라면 후대 선불교의 돈오(頓悟)를 연상시킨다. 다르게 말해서 조사선의 언하대오(言下大悟)를 말한다. 금강경도 법문을 듣고 벼락 치듯 곧바로 깨닫는 것을 말하므로 언하대오와 비슷한 성질의 알아차림이라고 할 수 있겠다.

그런데 금강경이나 조사선의 언하대오는 사색이나 개발하는 수행을 통해 알아차린다는 말은 아니다. 그렇다면 '들어서 생기는 알아차림'의 종류에 들어가는 것으로 볼 수밖에 없을 것이다. 물론 금강경을 깨달음 차원으로까지 다룰 필요가 있는지는 이견이 있을 수 있다. 하지만 경의 목적이 단순한 지식을 전달하는 것에 있지 않다는 것은 제9분에서 예류자부터 동격자까지 거론하는 것을 봐도 짐작할 수 있다. 이상으로 미루어보자면 '들어서 생기는 알아차림'이란 단순한 지식 정보에 그치는 것이 아니라 듣고서 바로 깨닫는 알아차림까지 포함한다고 봐야 할 것이다.

91 이름을 짓겠습니다 名爲

경의 이름을 짓는 경우는 근본 경전에서도 가끔 있다. 예를 들자면, 디가니까야 제28번『확실해지는 가닥(自歡喜經)』이나 디가니까야 제29번『확신에 관계되는 가닥(淸淨經)』이나 맛지마니까야 제18번『꿀 덩이 가닥』등이 있다. 그러나 제목을 정하는 부분은 경(가닥)의 맨 마지막 부분에 나온다. 금강경도 사실 여기에서 끝맺는 것이 초창기 원본의 양식이었을 것이다. 이후의 내용은 후대에 증광된 것이라 보인다. 내용을 보더라도 반복적인 내용이 이어져서 군더더기로 보인다.

92 한결같은 분께서 설했다고 할 만한 것이 없습니다
如來無所說

범어 원문을 직역하면 "한결같은 분에 의해 설해진 그 어떤 법도 없습니다."가 된다. '그 어떤 법도 없습니다.'(na asti sa kaścid dharmo)는 제7분에서도 나오는데 거기에서는 '無有定法'이라고 한역되었다. 이것에 대해서 해설 83번에서 설명한 것처럼 여기에서도 실체로 정할 수 있는 법은 없기에 실체로 정해진 법을 부처님은 설하지 않았고 설할 수도 없다는 뜻이다.

'설했지만 설한 것이 없다.'라는 무설법(無說法)의 역설은 '설명 없는 격의법'이라는 문제를 가지고 있다. 다시 말해 일반적인 의미의 단어와 전문적인 의미의 같은 단어를 설명 없이 동시에 사용해서 생긴 역설이다. 앞의 '설했지만'은 일반적인 의미로 현실 일상에서 법을 설했다는 말이고, 뒤의 '설한 것'은 실체로 정해진 법을 설했다는 말이다. 같은 단어지만 의미의 차원이 다르다. 목적어를 생략해서 말했기 때문에 역설이 궤변으로 들릴 수 있다. 못 알아듣는다고 나무랄 일만이 아니라 알아듣지 못하게 표현한 이의 허물도 지적할 필요가 있다.

다시 지적하자면, 무설법의 역설은 생략의 잘못을 지니고 있다. 예컨대, '나는 말하지 않았다.'는 '나는 거짓을 말하지 않았다.' '나는 진실을 말하지 않았다.' '나는 쓸데없이 말하지 않았다.' 등등 수많은 내용을 지니고 있는 불분명한 표현이다. 말한 내용을 알아채지 못했다고 나무라서는 안 될 일이다.

무설법의 역설은 더 나아가 『입능가경』(권10, 大正16-576)에서 "깨달은 어느 밤으로부터 입멸하는 어느 밤, 이 두 사이에 나는 한 글자도 설하지 않았다."(何等夜證法,何等夜入滅,於此二中間,我不說一字)라는 '불설일자' 구문으로도 이어진다. 여기에서 '한 글자'란 위의 실체로 정해진 법이라고도 할 수 있지만 '직접 체득한 궁극적인 깨달음과 그 경지'를 말하고 있다. 전문적인 의미의 '한 글자'인 것이다. 이러한 무설법의 역설은 후대 선불교에서 크게 유행했고 '행해도 행한 적이 없다.'라든가 '음행해도 음행한 적이 없다.'라는 등의 주장들까지도 양산해 냈다.

'행한 적이 없다.'라고만 해서는 안 되고 '직접 체득한 자기 없음의 경지에서는 나라는 생각을 가지고 행한 적이 없다.'

라고 자세히 말해주어야 오해를 사지 않을 것이다. 직접 체득한 적이 없다면 자기합리화이거나 이론적인 추정일 뿐이다. 한편 '음행해도 음행한 적이 없다.'라는 주장은 무조건 궤변이다. '음행한 적이 없다.'를 직접 체득한 궁극적인 경지에서의 주장이라고 해도 궁극적인 경지는 탐진치가 소멸된 상태이므로 음행이 불가능하기 때문이다. 음행한 것은 그냥 음행한 것이다. 물론 이론적인 추정으로 자신이 그런 경지에 있다고 착각하며 자신까지 속일 수는 있다.

93 눈물을 흘리며 涕淚悲泣

대승 열반경에서 부처님의 마지막 장면에 동격자들이 슬픔의 눈물을 흘리는 모습이 묘사되거나 본문처럼 감격스런 기쁨의 눈물을 흘리는 모습이 묘사되는 것은 대승의 동격자에 대한 몰이해를 드러내는 것이다. 동격자는 기쁨과 슬픔이 모두 제거되어 있기 때문에 기쁨과 슬픔에 의해 눈물까지 흘릴 정도의 모습은 있을 수 없다. 『아나타삔디까를 교계함 가닥』에서 예류자인 아나타삔디까 장자가 사리뿟다 존자의 법문을 듣고 눈물을 흘리는 장면이 나온다.(초맛4-542) 예류자인 경우라면 법문을 듣고 감격의 눈물을 흘릴 수도 있을 것이다. 아마도 금강경은 근본 경전의 이러한 대목을 보고 모방한 것으로 보이지만 결국 과위의 정확한 차별에 대한 무지를 드러낸 셈이 되고 말았다.

94 모든 인지함을 깨뜨려야 부처님 離─切諸相 卽名諸佛

금강경은 인지 중에서도 고정관념만을 다루고 고정관념 중에서도 해로운 고정관념만을 다룬다. 근본 경전에서도 인지는 착각과 왜곡을 동반하는 해로운 측면이 있다는 것을 인정한다. 그러나 인지 중에는 깨달음으로 인도하는 인지도 있다. 예를 들면 '열 가지 생겨나게 해야 할 법들'(초디3-530)이 있다. ①무상하다고 인지함 ②무상한 것은 괴롭다고 인지함 ③괴로운 것은 자기가 없다고 인지함 ④제거한다고 인지함 ⑤퇴색한다고 인지함 ⑥소멸한다고 인지함 ⑦깨끗하지 않다고 인지함 ⑧죽음에 대해 인지함 ⑨공급물을 역겹다고 인지함 ⑩어떤 세상도 즐길 것이 없다고 인지함. 이 중에서 ①에서 ⑥까지를 '여섯 가지 꿰뚫어 주는 인지들'이라고 부른다.(초디3-433) 그러므로 모든 인지함을 깨뜨려야 한다는 주장은 편협하다. 더군다나 아무것도 인지하지 않는다면 어떤 앎도 생기지 않기 때문에 깨달음뿐만 아니라 어떤 분별과 판단도 불가능해진다. 그러므로 모든 인지를 깨뜨려야 한다는 금강경은 인지에 대해 편협하게 이해하고 있음을 알 수 있다.

95 실답지도 않고 허망하지도 않습니다.

na tatra satyaṁ na mṛṣā, 無實無虛

범어 원문을 직역하면 '거기에는 진실도 없고 거짓(혹은 헛됨)도 없습니다.'이다. 진실(satya)이라는 단어는 바로 앞의 '진실을 말하는 이'에서도 쓰였다. 앞에서 긍정한 단어를 바로 이어서 부정하고 있는 것이다. 역설도 아니어서 합리적인 표현이라고 볼수는 없다. 다만 문맥상 부처님께서 말씀하시는 법은 따로 실다운 본체를 가지지도 않지만 그렇다고 해서 거짓이거나 헛되어서 잘못된 것도 아니라는 뜻이다.

진실의 원어인 satya은 빨리어로 sacca인데 사성제의 '제' (諦)에 해당한다. 사성제를 보통 '네 가지 성스러운 진리'라고 번역하면서 sacca를 진리라고 번역한다. 그러나 어원은 '√sat' 인데 존재라는 뜻이어서 법칙이나 이치가 아닌 존재성이 있는 진실된 사실이라는 의미이다. 그러므로 사성제는 '네 가지 성스러운 진실들'이라고 번역해야 한다. 그래야 제1성제가 '괴로움이라는 성스러운 진실'이 되는 것이고, '괴로움이라는 성스러운 진리'와 같은 엉터리 번역이 생기지 않게 될 것이다. 불교의 진리는 괴로움이 아니라 '따라서 같이 생겨남'(緣起)이다. 그리고 이것은 예류자가 처음으로 직접 아는 깨달음의 내용이기도 하

216

다.(대끝-462)

96 베껴 쓰고 likhitvā, 書寫

부처님 당대에는 부처님 말씀이 문자 혹은 책자로 전승되지 않고 암송으로만 전승되었기 때문에 '쓴다'라는 표현은 금강경이 후대에 만들어진 경임을 알려주고 있다.

독송(vācayiṣyat)은 '낭송'이 더 정확한 번역이다.

97 대승 agra-yāna, 大乘

일반적으로 대승의 원어는 mahā-yāna(위대한-탈것)이다. 본문의 대승의 원어는 '최정점의 탈것'이다. 그래서 현장은 最上乘이라고 한역했다. 이것만 보더라도 금강경은 대승이라는 용어가 정착되기도 전의 작품이라고 보는 것이 맞을 것 같다.

98 이런 사람은 ~ 깨달음을 얻게 될 것입니다

是人 ~ 當得阿耨多羅三藐三菩提

전형적인 사기꾼의 어법이다. 어떤 결과에 대해 확인할 수 없는 불분명한 특정 원인을 편협하게 내세우는 오류 명제이기 때문

이다. 그러므로 금강경 대신 성경이나 코란이나 베다를 대입해
도 성립하는 주장일 것이다. 반드시 깨달음을 얻는다는 주장도
베다를 읽는 자는 반드시 브라흐마라는 신성자에 도달한다는
운명결정론에 불과한 주장이다.

99 헛되이 空

금강경 원문엔 공사상을 나타내는 空(suñña)이란 단어는 나타
나지 않고 본문에서와 같이 '헛되이'란 뜻으로 쓰인 空無過者
라는 구문에서만 한 번 나온다. 심지어 범어 원문엔 해당 단어
가 아예 없다.

100 표명하지 vyākariṣyat, 授記

표명이라는 단어는 근본 경전에서 10가지 혹은 14가지 無記에
서의 記에 해당한다. '설명하다'라는 뜻인데, 정확히는 내용이
나 답을 '표명한다'는 뜻이다. 이런 뜻의 단어가 대승에 와서는
예언이라는 의미로 변질되었다. 하지만 원래의 의미로 번역한
다고 해도 문맥을 어긋나게 하지 않을 것이다.

IOI 어떠한 법도 실로 없었기

nāsti sa kaścid dharmo, 實無有法

이 구절은 제7분의 "어떠한 정해진 법도 없으며"(無有定法)와
제13분의 "설했다고 할 만한 것이 없습니다."(無所說)와 범어 원
문이 모두 같다. 앞의 이 구절들은 궁극적인 깨달음의 안목으로
본 법을 말한 것이었다.(해설 83번, 92번 참고)

그런데 만일 본문의 구절도 궁극적인 깨달음의 법을 말
하는 것이라면 연등 부처님 시절의 선혜 보살이 이미 궁극적인
깨달음을 실현하고 있었다는 말이 된다. 문맥상으로도 그렇게
보인다. 제14분의 가리왕 시절의 보살도 실제로 자기 없음을
실현한 경지였다고 한 것을 보면 더욱 분명하다. 이러한 기술들
때문에 대승에서의 보살이 '깨달은 중생(존재자)'이라고 해석되
었다. 이렇게 해서 보살은 부처의 깨달음의 수준으로 세세생생
윤회하며 중생들을 제도하는 존재로 거듭나게 된다. 나아가 문
수보살이 석가모니 부처님의 스승으로 등장하기까지 하며 석
가모니 부처님을 능가하는 존재가 된다.

그러나 이는 근본 가르침에 위배된다. 궁극적인 깨달음을
이루면 그 어떤 존재로도 생성되지 않기 때문이다. 금강경은 자
기 없음을 이치적으로 이해하는 것과 실제로 완전히 자기 없음
을 실현하는 것과의 구분이 결여되어 있다. 이것을 지적하지 않

고 이 부분의 모순을 합리화시키려는 억지 해석들이 있어 왔다. 금강경에서부터 근본 가르침에 대한 무지와 그에 기반한 상상력에 의한 왜곡이 나타난다고 볼 수 있는 대목이다.

102 생성된 그대로 bhūta tathatāyā, 諸法如義

범어 원문에서 '생성된'에 해당하는 단어는 'bhūta'이다. 구마라집은 '모든 존재들의'(諸法)라고 번역했다. 자칫 범아일여 사상으로 오해될 수 있는 표현이다. 근본불교의 표현대로 하자면 '왜냐하면 생성된 대로 앎과 봄(如實知見)이 한결같은 이의 주장이기 때문입니다.'가 될 것이다. 그러나 이렇게 바꾼다고 하더라도 앞 문장과는 비약적인 문장이라고 보인다.

103 모든 법이 다 불법
sarvadharmā buddhadharmā, 一切法皆是佛法

여기에서의 '모든 법'은 실체가 없는 모든 법을 말하고 불교에서 말하는 법이란 그렇게 실체 없는 법만을 말한다는 뜻이다. 실체가 없으니 실답지 않다고 한 것이고 그렇다고 아예 없는 것이 아니라 인과의 현실법이 뚜렷하게 펼쳐지기에 허망하지도 않다고 한 것이다. 그러나 여러 오해를 양산시킬 수 있는 간

결한 문장이다.

104 법들은 자기라고 할 만한 것이 없다
nirātmāno dharmā, 無我法

금강경은 인무아(人無我)만이 아니라 법무아(法無我)를 주장한
다는 것을 명시하고 있는 구절이다. 이것은 아비담마 철학의 법
의 자체성질이라는 법유아(法有我)를 비판하는 것이라고 해석
할 수 있다. 물론 이러한 법무아라는 주장이 대승에서 강조되다
보니 나중에는 인무아를 소홀히 여기게 되었고 우주 만물과 제
반 현상들의 무실체인 법무아를 주되게 다루는 편협에 빠져들
게 된다. 물론 근본 경전에서 제3법인인 제법무아의 가르침도
법무아를 말하는 것이지만 그것에 중점을 두지 않고 인무아에
중점을 두어서 자기 자신의 자기 없음을 깨닫게 하도록 하고
있다. 다시 말해 근본 경전의 가르침은 인무아에 중심을 둔 법
무아를 말하는 편이지만 대승 경전은 법무아에 중심을 둔 인무
아를 말하는 편이다.

105 잡아낼 upalabhyate, 得

범어는 upalabhati(얻다, 파악하다, 발견하다)의 수동태다. 한역의

得은 '얻다'와 '파악하다'의 뜻을 모두 가지고 있다. 범어와 한문의 뜻을 모두 표현하기 위해 '잡아 얻어서 드러내다'는 뜻인 '잡아내다'로 번역해 봤다.

이 구절도 선불교에서 덕산선감의 기연으로 유명해졌다. 시간의 흐름을 잡아낼 수 없듯이, 바람의 흐름을 잡아낼 수 없듯이, 자기 없이 따라서-같이-생겨나는 만물의 흐름은 잡아낼 수 없는 법이다.

106 혜명 āyuṣmān, 慧命

āyuṣmān은 '수명(āyus)을 가진(mat) 이'로 파자되며 주격으로 쓰인 것이다. 보통은 존자(尊者)라고 번역되는 단어이고 현장은 구수(具壽)라고 직역했다. 그런데 이 단어가 제2분에서도 나타나는데 구마라집은 거기에서는 장로(長老. 보통 장로의 원어는 thera이다)라고 번역했었다. 이렇게 번역어가 바뀐 이유는 본문의 "이때에 혜명 수보리님이 ~ 존재자다, 존재자다, 말하지만"에 해당하는 부분이 구마라집 번역본에서는 누락되어 있었는데 당나라 장경 2년에(822년) 영유 법사가 보리류지본에서 빌려와 보충한 것이기 때문이라고 한다.(『산스끄리뜨 금강경 역해』 현진, 불광출판사, p.364)

107 좋은 법 kuśalair dharmair, 善法

kuśala는 '착한' '선한'에 국한되지 않는다. '적합한' '기능을 가진' '훌륭한' '만족스러운' 등의 의미까지 모두 포함하는 단어다. 우리말로는 '좋은'이라는 단어가 그에 해당한다. '좋은'이라는 번역어는 원어와 일치율이 높기 때문에 문맥에 따라 다른 단어로 바꿔 번역할 필요가 없어진다.

108 서른 두 가지 특징 三十二相

① 발바닥이 평평하다 ② 발바닥에 바퀴가 새겨져 있다 ③ 발꿈치가 둥글다 ④ 손가락이 길다 ⑤ 손발이 부드럽고 섬세하다 ⑥ 손가락과 발가락 사이에 물갈퀴 같은 막이 있다 ⑦ 복사뼈가 튀어나와 있다 ⑧ 장딴지가 사슴처럼 미끈하다 ⑨ 손끝이 무릎 밑까지 닿는다 ⑩ 성기가 말처럼 몸속에 들어가 있다 ⑪ 몸이 금색이다 ⑫ 피부가 고와서 때가 없다 ⑬ 하나의 털구멍에 하나의 털만 있다 ⑭ 몸의 모든 털이 위로 곧게 자라고 머리털이 오른쪽으로 감겨 있다 ⑮ 균형 잡힌 몸매를 가졌다 ⑯ 양손 · 양발 · 양어깨 · 목이 통통하다 ⑰ 상체가 사자처럼 당당하다 ⑱ 어깨가 잘 뭉쳐져 있다 ⑲ 양팔 길이와 키가 같다 ⑳ 몸통이 원만하다 ㉑ 최상의 맛을 느끼는 미각을 가졌다 ㉒ 턱이 견

실하다 ㉓ 이가 40개다 ㉔ 이가 가지런하다 ㉕ 이가 벌어지지 않았다 ㉖ 이가 희다 ㉗ 혀가 길다 ㉘ 목소리가 청아하다 ㉙ 눈동자가 검푸르다 ㉚ 속눈썹이 길다 ㉛ 미간에 흰털이 나 있다 ㉜ 정수리가 솟아올라 있다.

　　이상은 내용을 알기 쉽게 윤문한 것이다. 한역과 범본 및 빨리어본이 다소 대차가 있다. 근본 경전에서는 '서른두 가지 대장부의 특징들'(dvattiṁsa mahāpurisa lakkhaṇa 三十二大人相, 초디3-262)이라고 부른다. 한역에는 '이마가 반듯하다' '겨드랑이 부분이 원만하다' '신장이 평인의 두 배다' '가슴에 만(卍) 자가 새겨 있다' 등의 내용이 더 있다.

　　대승 경전에서는 32상(相) 외에도 부처님의 드러나는 모습을 묘사하는 80종호(種好)가 있다. 32상과 겹치는 것도 있으며 모양새가 아닌 능력과 특징들을 포함한다. '종호'는 '맵시'나 '매력'을 말한다.

109 서른 두 가지 특징으로 한결같은 분이 보입니다
以三十二相 觀如來

구마라집이 저본으로 삼은 범본과 같은 종류로 보이는 길기트 본에는 본문과 같은 문장이 나오지만 현장의 한역을 보면 "갖 춰진 특징으로써 한결같은 분은 보여질 수 없습니다."로 되어 있다. 아마도 현장의 범본이 더 합당하다고 보인다. 왜냐하면 이미 제5분, 제13분, 제20분에서 특징으로는 한결같은 분을 볼 수 없다고 수보리가 대답했었기 때문이다. 심각해질 것 없이 금강경의 불필요한 증광과 어설픈 편집 체계가 불러온 문제점으로 보는 것이 무난한 해명이라고 생각한다.

110 방해물로 ～ 볼 수 없으리 若以色見我 ～ 不能見如來

범어 원문에는 다음의 또 다른 4구게가 이어져 있다. 아마도 구마라집은 내용상 특이한 점도 없고 형식상으로도 산만함만 더하는 부분으로 생각하고 생략한 듯하다. 이 생략으로 인해서 본문의 게송이 4구게를 대표하는 선명한 효과를 가져왔다. 현장의 한역으로 소개하겠다.

應觀佛法性
응 관 불 법 성
법으로 부처님을 봐야 하리니

卽導師法身
즉 도 사 법 신
스승님은 법을 몸으로 하기에

法性非所識
법 성 비 소 식
법의 성품은 식별할 수 없어

故彼不能了
고 피 불 능 료

명료하게 알 수 없다네.

III 한결같은 이는 특징을 갖추었기 때문에 위없고 바르며 같은 깨달음을 얻은 것이 아니구나

구마라집의 한역은 如來不以具足相故 得阿耨多羅三藐三菩提로 되어 있다. 그러나 범어 원본에는 '不'이 빠져 있어서 '여래는 특징(相)을 구족했기에 아뇩다라삼먁삼보리를 확연히 깨달았다.'라고 되어 있다. 결론부터 말하자면, 두 가지 모두 현상적인 모습에 집착하지 말아야 하지만 그렇다고 현상적인 모습을 아예 외면하며 부정하는 단멸론(엄밀하게는 '극단적인 심신 이분법')에도 빠지지 말라는 결론으로 이끄는 문장이어서 결국 두 가지 모두 잘못은 없다.

그러나 범어 원문은 전체적인 흐름상 군더더기 질문이다. 왜냐하면 이미 앞의 제20분에 "갖춰진 여러 특징을 보고 한결같은 이라고 해서는 안 됩니다."라거나, 바로 앞의 제26분에 "제가 부처님께서 설하신 뜻을 생각해보니 서른두 가지 특징으로 한결같은 이를 봐서는 안 됩니다."라는 수보리의 말이 있기 때문이다. 그러므로 여기에서는 구마라집의 번역처럼 혹시 수보리가 특징과 깨달음은 상관없는 것이라며 단멸론에 빠지는 생각을 하지는 않을까 염려하는 문장이 나와야 문맥의 흐름상 맞는 것이 된다.

이 문제에 대해서는 대혜 스님의 『서장書狀』에서도(答孫知縣 중에) 다뤄지고 있다. 거기에서 손지현 거사는 범어본이 유통되던 시대가 아니었기에 범어 원문을 확인한 것은 아니었지만 다른 번역본과 무착의 『능단금강반야바라밀다경 논송』을 보고서 '不' 자가 빠져야 한다고 주장한다. 당시 번역본은 여섯 가지가 있었는데 본문의 내용이 나오는 한역은 구마라집, 현장, 진제 역의 세 가지뿐이다. 그런데 구마라집의 번역만 '不'이 들어 있고 나머지 한역에는 빠져 있다.

최근에 유통된 범어본을 확인한 결과 손지현 거사의 주장이 맞았다. 그러나 범어 원문을 확인하지 않고 함부로 경전의 문구를 첨삭해서는 안 된다는 대혜 스님의 지적도 올바른 것이며, 본문의 문장은 "특징을 구족했기 때문이 아니라고 수보리가 여긴다면 연기가 소멸될 것을 두려워했기 때문입니다."라는 대혜 스님의 평가도 올바른 것이다. 다만 손지현의 주장도 결국 같은 결론에 이르는 것이라고 종합평가를 내려주지 못한 것은 아쉽다.

이상과 같은 논란에는 몇 가지 원인들이 뒤엉켜 있다.

첫째는, 금강경은 부처님의 친설이 아닌 위경이라는 역사적 사실에 대한 무지에 모든 문제의 기원이 놓여 있다. 위경들에서 한결같은 교법의 정합성이나 논리적인 짜임새를 갖춘 전개를 기대하기는 힘들다. 그럼에도 친설이라는 맹목적인 믿음에 빠져 있었기 때문에 어떻게 해서라도 합리화시키는 해석들을 제시할 수밖에 없었던 것이다.

둘째는, 구마라집의 과도한 의역에 문제가 있다. 결론적으로는 더 바람직한 번역이었지만 해석과 평가는 후대에 맡겨야 할 문제였다.

셋째는, 손지현 거사가 다른 번역본(아마도 현장 역이나 진제역)을 비교대조했다고 밝혔는데도 대혜 스님이 구마라집 번역본만을 원본으로 여기는 편협함을 보였다는 것이다. 그러나 완벽한 번역이란 불가능하다. 그렇기 때문에 구마라집의 번역본도 완벽하지 못할 것이라는 점이 고려되어야 했었다.

여기서 하나 더 생각해볼 문제는 깨달음 만능주의다. 설사 대혜 스님이 자신의 안목으로 미루어 범어 원문을 꿰뚫어보며 맞추지 못했다고 해서 그의 깨달음을 의심하는 것은 깨달음 만능주의로 인한 오해다. 깨달았다고 해서 신통이 저절로 갖춰지거나 가닥들의 모든 말씀을 다 정확히 꿰뚫는 것은 아니다. 그뿐만 아니라 깨달았다고 해서 부처님과 똑같이 완벽하게 법을 설할 수 있는 것도 아니다.

결점이 없는 설법은 보통 '네 가지 낱낱이 이해함들'(四無礙解)과 관련이 깊다. 그래서 1차 결집의 500명은 모두 네 가지 낱낱이 이해함을 갖춘 동격자들에 한해서 모집되었다고 보인다. 물론 네 가지 낱낱이 이해함들의 완성도에는 차이가 있을 것이다. 사리뿟따만이 법을 완전하게 굴린다고 인정한 부처님의 말씀을 보면 가늠할 수 있다. 네 가지 낱낱이 이해함들에 대해서는 부처님의 자세한 설명이 없기 때문에 후대에 다양하고도 애매모호한 설명들만을 접하게 된다. 다행히도 『청정도론』(청론2-411)에 비교적 자세히 설명되어 있지만 난해한 분석으로 보인다.

여기서 '네 가지 낱낱이 이해함들'에 대한 여러 가지 설명과 원어의 본래적인 쓰임새를 참고해서 종합적으로 설명해 보겠다.

①'뜻을 낱낱이 이해함'(義無礙解)이란 결국 무엇을 말하려는 것인지 낱낱이 이해해서 막힘이 없다는 말이다. 결과적으로 귀결되는 뜻 혹은 궁극적인 의미를 알아차린다. 쉽게 말해서 어떤 현상을 보든, 어떤 설명을 듣든 결론을 알아차린다. 좁게는 깨달음의 순간에 알아차리는 내용으로도 볼 수 있겠다. 예컨대 간화선에서 강조하는 낙처(落處)에 해당할 것이다.

②'법을 낱낱이 이해함'(法無礙解)이란 기본적인 법의 짜임새를 낱낱이 이해해서 막힘이 없다는 말이다. 그런데 법이라는 단어는 다면적인 쓰임새를 갖기 때문에 해석 또한 다면적일

수밖에 없다. 먼저 가장 넓게는 사건이나 사실 등의 현상이 어떤 짜임새를 가지고 있고, 어떤 관계와 법칙으로 펼쳐지는지 낱낱이 이해하고 있다.

한편 법이란 좁게는 부처님 가르침이므로 부처님 가르침의 짜임새(예컨대 합송경에서의 여러 법수들)와 그 법칙(예컨대 연기법) 및 방법들(예컨대 여러 수행법들)에 대해서 낱낱이 이해하고 있다. 다시 말해 세상의 어떤 현상이 일어나든지, 수행상의 어떤 현상이 일어나든지 그 결과에 상응하는 기본적인 구조와 원인을 정확히 파악하고 있다. 쉽게 말해서 왜 그렇게 되었는지 그 원리(법식 내지 이치, 즉 법)를 설명할 수 있다는 말이다.

③'언어를 낱낱이 이해함'(詞無礙解)이란 통용되는 언어들, 특히 단어의 어원과 구문과 문법 등을 낱낱이 이해해서 막힘이 없다는 말이다. 그렇기 때문에 표준이 되는 가장 적절한 단어와 관용구를 채택할 수 있다. 부처님 말씀을 빨리어로 보면 부처님께서 얼마나 적절한 용어를 한결같이 정확히 구사하는지 절감하게 된다.

④'표현을 낱낱이 이해함'(辯無礙解)이란 앞의 세 가지 낱낱이 이해함들을 융합하고 활용해서 남에게 어떻게 전달해야 하는지 그 표현법을 낱낱이 이해해서 막힘이 없다는 말이다. 예컨대 자세하게 설명할지, 간략하게 설명할지, 침묵해야 할지, 몸짓으로 전달할지, 반문해야 할지 등등을 상황에 맞게 적용할

줄 안다. 때로는 시로, 때로는 비유로, 때로는 규정으로, 때로는 논리로, 때로는 분석으로 다양하게 표현해서 상대가 알아들을 수 있게 한다.

112 모든 법에 나라고 할 만한 것이 없다고 알아서 인욕을 완성한다면 一切法無我 得成於忍

출가 초기 힘든 해인사 강원 아랫반 시절을 무난하게 보내게 해 준 구절이었고 통찰이었기에 사족을 달아 본다. 참는다고 하면 결국 한계가 오고야 만다. 참을 놈이 없다는 통찰이 있어야 참을 필요조차 없어지고 진정으로 참게 된다. 같은 원리로, 용서하는 한 용서한 것이 아니다. 하심(下心)하는 한 하심한 것도 아니다. 낮추는 그놈이 있기 때문이다. 인욕의 완성은 인욕으로 도달하는 것이 아니라 자기 없음에 대한 알아차림으로 완성되는 것이다. 금강경에서는 인욕을 수단으로 궁극에 도착하라는 얘기를 하는 것이 아니다. 제14분에서 '인욕으로 도착하기는 인욕으로 도착하기라고 할 만한 것이 없다.'라고 한 것도 같은 말이다.

113 한 덩이의 모양 piṇḍa grāha, 一合相

'한 덩이의 모양'은 설일체유부의 극미(aṇu, 極微)를 비판한 것이라고 볼 수 있다. 그런데 극미 이론은 이미 자이나교의 이론이었기 때문에 이를 차용한 것으로 보인다. 모두 적취설(積聚說)에 해당한다. 그러나 현대 물리학이 밝혀냈듯이 고정불변의 최소 단위 물질이란 없다. 논리학적으로도 무한소급의 오류다. 물질의 최대 단위도 마찬가지로 무한소급의 오류에 빠진다. 그래서 제30분의 소명태자의 제목은 '一合理相', 즉 '한 덩이란 이치상의 모습일 뿐이다'이지만 본서에서는 '부수든 뭉치든 끝이 없다'로 달았다.

114 섬광 vidyud, 電

구마라집과 현장 모두 '번개'라고 번역했지만 번개뿐만 아니라 번쩍하고 사라지는 불빛 모두를 말하는 단어다.

115 세상의 모든 것들은 ~ 이렇게 봐야 하리라
一切有爲法 ~ 應作如是觀

이 비유들은 근본 경전의 『거품 가닥』(초상3-392)에서 나오는

"방해물은 거품 덩이와 같고, 느낌은 포말과 같고, 인지는 아지랑이와 같고, 형성작용들은 파초와 같으며, 식별은 환영과 같다고 태양의 후예에 의해 밝혀졌노라."를 참고해서 지은 것으로 보인다. '포말'과 '환영'은 양쪽 모두에 쓰였다. 그런데 범어 원문에서는 이외에도 별, 눈 아지랑이, 등불, 꿈, 구름 등의 비유어들이 더 등장한다.

  참고로, 방해물을 비유하는 pheṇa는 "그는 거기 '부글거리는 거품 속에서'(pheṇa-uddehakaṁ) 삶깁니다."(초맛4-347)와 같은 문장으로 보아 강에 떠다니는 부유물 같은 거품을 말하고, 느낌을 비유하는 bubbuḷa는 빗물이 떨어지며 부딪혀 생기는 속이 빈 물방울을 말하므로 포말이라고 번역하는 것이 맞다고 보인다.

반야바라밀다심경

알아차림으로 도착하기 심장 가닥

116 관자재 avalokiteśvara, 觀自在

'굽어보시는 분'이라는 뜻이고 브라만교의 시바 신의 다른 이름
이었다.(觀世音이라고도 한역됨) 대승불교에서 유입시켰다. 예컨
대 지금 우리가 기독교의 야훼 하느님을 도입하는 것과도 같다
는 말이다.

117 자체성질 svabhāva, 自性

범어 Gilgit본에는 이 용어가 들어 있지만 구마라집과 현장 모
두 이 용어를 생략해서 한역했다. 필자가 이미 지적한 적이 있
지만(대끝-346) 이 생략의 후유증은 간과되었다. 이 용어의 생
략은 두 가지 문제점을 낳았다. 첫째는, '다섯 덩어리들'(五蘊)

자체가 현실적인 차원에서도 모두 헛것 혹은 쓸데없는 것이라는 오해를 양산시켰다. 나아가 현실의 인과응보마저 부정하는 방향으로 나아가게 한다. 예컨대, '집이 비었다'와 '집에 돈이 비었다'는 상당한 차이가 나는 것과 같다. 둘째는, 대승의 공사상이 아비담마 철학의 자체성질을 부정하기 위한 것이라는 선명한 이해를 가로막았다. 결국 대승의 사상적 출발점과 정체성이 은폐되도록 만들었다.

II8 관자재 보살님이 ~ 벗어났습니다

범어 원문을 직역하면 "성스러운 굽어보시는 보살님이 심오하게 알아차림으로 도착하기에 대한 실천을 실행하시면서 항상 다섯 덩어리들을 자세히 살피십니다. 그리고 그 자체성질이 비었음을 항상 알아보십니다."이다. '모든 괴로움에서 벗어났습니다.'라는 표현은 원문에 없다. 구마라집 번역본을 답습한 결과라고 보이지만 혹시 이들의 범본에는 들어 있었을 가능성을 배제할 수는 없다.

II9 빈 상태 śūnyatā, 空性

'-tā'는 명사나 형용사에 붙어 '-상태' 혹은 '-성질'을 나타내는 추상명사를 만드는 어미다. 동사에 붙지 않는다. 이것이 비었음(śūnya)이라는 명사에 붙어서 '빈 상태'라는 단어를 만든 것이다. 대승권에서 즐겨 썼던 단어이고 부처님께서는 쓰지 않았던 단어다. 한역에서는 śūnya든 śūnyatā든 구분하지 않고 모두 空이라고 번역했다. 구마라집이나 현장을 비롯해서 모두 이 구분의 중요성을 알아채지 못했던 것 같다.

그러나 '비었음'과 '빈 상태'는 상당히 다른 뉘앙스를 가진다. 마치 '있음'(atthi) '없음'(natthi)과 '있는 상태'(atthi-tā) '없는 상태'(natthi-tā) 가 전혀 다른 의미를 나타내는 것과 같다. '있는 상태'와 '없는 상태'는 부처님께서 유무극단에서의 유무을 나타내기 위해 사용한 단어다.(초상2-139) 따로 정해진 존재성을 나타내기 때문에 부정된 단어다. 그와 같이 '비었음'은 단순히 존재성의 박탈을 의미하지만 '빈 상태'라고 하면 '존재성이 박탈된 상태'라는 따로 정해진 존재성을 상상하게 만든다. 그렇기 때문에 대승에서 다루는 공은 정확하게는 공성이라고 한역해야 하고 우리말로는 '빈 상태' 혹은 '비어있음'이라고 번역해야 맞을 것이다.

120 방해물이 빈 상태와 다르지 않고 빈 상태가 방해물과 다르지 않아서 色不異空 空不異色

'다르지 않다'(na pṛthak, 不異)가 반드시 동일하다는 말이라고 볼 수는 없다. 어느 정도 다른지가 여기에서는 나타나지 않는다. 여러 가지 추측과 오해를 불러일으킬 수 있겠다.

그러나 이어지는 문장에서 방해물과 빈 상태는 일치를 이루는 것으로 표현된다. 즉, "방해물이 곧 빈 상태요 빈 상태가 곧 방해물이니"(色卽是空 空卽是色)라고 하기 때문이다. 범어 원문을 직역하면 "방해물이 빈 상태요, 빈 상태는 곧 방해물이니" (rūpaṁ śūnyatā śūnyataiva rūpaṁ)이다. 그러나 이 문장은 '色不異空 空不異色' 앞에 위치한다. 다만 '色不異空 空不異色' 뒤에 "방해물이라는 그것은 빈 상태이고 빈 상태라는 그것은 방해물입니다."(yad rūpaṁ sā śūnyatā yā śūnyatā tad rūpaṁ)라는 문장은 생략되었다. 어쨌든 방해물과 빈 상태는 완벽하게 일치하는 것으로 표현되었다.

이 구절에서 나타나는 '빈 상태'는 만물의 현상을 모두 포괄하며 일치를 이루는 차원의 것이다. 후대의 공사상에서 공을 집약적으로 정리한 진공묘유(眞空妙有)로 보자면 묘유로서의 공을 표현한 것이다. 그리고 이것은 근본 경전에서의 공, 즉 비었음이 오로지 존재성의 박탈이라는 의미로만 쓰인 것과 현격한 차이를 나타내는 지점이다.

121 그러합니다 evam eva, 亦復如是

이렇게 생략하는 어법은 부처님의 어법이 아니다. 부처님께서
는 지루하게 느껴질 정도로 단어만 바꿔가며 반복적으로 설명
하신다. 그 이유는 아마도 하나하나 관찰하며 음미하는 실제 수
행을 위해서일 것이다. 아울러 암송을 위한 것일 수도 있겠다.
후대에는 이런 수행 감각이 결여된 채 빨리 사상적인 이해만
하고 끝내려는 조급함이 두드러졌다. 부처님께서는 군더더기
없이 설하시는 분이라는 것을 명심하고서 함부로 생략하는 일
이 없도록 해야 한다.

122 모든 법의 빈 상태의 특징은

sarva dharmāḥ śūnyatā lakṣaṇā, 是諸法空相

여기서의 빈 상태는 진공묘유의 진공(眞空, 진정으로 텅 비어있는
그 자체)을 나타내고 있다. 이어지는 "그러므로 빈 상태에서는"
의 '빈 상태'도 진공을 뜻한다. 앞의 묘유로서의 빈 상태와는 대
조적으로 존재성의 박탈을 의미하고 있다. 이것은 근본 가르침
과 겹치는 측면이 있다. 다만 존재성의 박탈에만 그치지 않고

빈 상태라는 초월적이고 근본적인 존재 상태가 상정된다는 점이 다르다. 다시 말해 비어있는 그 자체가 존재론적인 대상으로 자리하게 된다는 뜻이다. 이것은 '빈 상태'라는 부처님께서 쓰지 않았던 새로운 명칭이 불러온 현상일 수도 있다. '빈 상태'라고 하면 텅 비어있는 그 어떤 상태가 존재한다고 쉽게 연상되기 때문이다. 이렇게 반야심경에서의 공은 진공묘유로서의 공으로 온전히 정착되었다고 보인다.

그런데 진공묘유로서의 빈 상태는 브라만교의 범아일여 사상을 연상케 한다. 브라흐마라는 조물주는 만물에 내재하면서도 만물에서 초월해 있다.(서양 철학에서는 범재신론이라고 한다.) 그 초월적인 측면은 헤아릴 수 없는 것이지만 줄지도 늘지도 않고 깨끗하지도 더럽지도 않은 것이며, 물질도 아니고 정신도 아니며, 모양도 소리도 냄새도 맛도 없다는 식의 내용을 우빠니샤드의 곳곳에서 만날 수 있다. 이러한 초월적인 신성은 만물에 아니 계신 곳이 없다. 그렇기 때문에 내가 곧 브라흐마요, 브라흐마가 곧 나다. 색수상행식도 마찬가지다. 반야심경에서 '빈 상태'를 브라흐마로 바꿔도 아무런 차이가 나지 않는다. 심지어 관자재보살이 시바신의 별칭이니 완벽하게 들어맞는다. 당연한 결과로 이 빈 상태는 후대 대승의 관념적 일원론의 실체인 진여, 불성, 일심 등과 동의어가 될 수 있었다.(대끝-347)

123 방해물도 없고 na rūpaṁ, 無色

범어나 빨리어의 부정접두어 'a-'나 부정사 'na'는 '존재 부정' (~가 없다)과 '사실 부정'(~가 아니다) 모두를 동시에 표현한다. 한역에서는 존재 부정으로 봤다. 왜냐하면 앞에 나오는 '빈 상태에서는'(śūnyatāyāṁ)이라는 처소격의 명사가 나오기 때문이다. 다른 측면으로 말하자면 '빈 상태'가 존재론적 대상이자 존재론적 층위를 갖는 것으로 이해하도록 만들고 있다.

124 보살은 알아차림으로 도착하기를 의지하여
菩提薩埵依般若波羅蜜多故

보살뿐만 아니라 아랫줄에 나오듯이 모든 부처님들도 '알아차림으로 도착하기'를 의지했기 때문에 위없고 바르며 같은 깨달음을 얻은 것이라 했다. 그러므로 반야심경의 '알아차림으로 도착하기'는 궁극적인 경지를 나타내고 있는 것이 아니라 수행 과정의 방법론적인 경지를 말하고 있는 것이다.

125 알아차림으로 도착하기에 대한 prajñāpāramitāyām

처소격으로 쓰였다. 그러므로 '알아차림으로 도착하기에 있어

서'라는 뜻이다. 첫 문장에서도 이 처소격이 쓰였다.(해설 118번)

126 아제 아제 바라 아제 바라승 아제 모지 사바하

범어 원문은 'gate gate pāra gate pāra saṁgate bodhi svāhā'
로 되어 있다. 애매하지만 gate는 gata('가다'의 과거수동분사)의
여성 단수 호격으로 보인다. svāhā는 경축과 환호 내지 찬사
를 나타내는 감탄사다. 그런데 이 진언을 고대 인도인들이 들
으면 위 본문의 한글 번역처럼 뜻이 바로 해석되어 들렸을 것
임에 틀림없다. 그럼에도 해석하지 말고 범어음으로 읽어야 한
다는 주장은 우리나라 근대에 한문 경전을 한글로 옮기는 것에
대해 신성모독이라고 주장했던 것과 같은 문자 숭배에 지나지
않는다. 그렇게 되면 부처님을 포함해서 당시 인도인들은 진언
이 해석되어 들리므로 주문 수행이 불가능하다는 모순에 빠진
다. 또한 발음만이 중요하다면 '아제 아제 ~' 등의 발음은 범어
와 일치하지 않기 때문에 수행용으로 적합하지 않게 된다. 딜레
마다. 한편, 이 진언의 내용이 어떻게 반야심경의 제목이자 주
장인 '알아차림으로 도착하기'와 관계를 가질 수 있는지 의문이
다. 물론 꿈보다 해몽처럼 억지 해석이야 불가능하지는 않겠지
만 말이다. 그러나 해석하지 말라는 원칙을 위배한 해석일 것이
다. 딜레마다.

끝마무리

불교 사상사는 개념 왜곡의 역사였습니다. 그것은 초기불교인 아비담마 철학에서부터 시작되어 대승에 이르러서는 심각한 지경에 이르렀습니다. 아비담마 철학의 3대 과오는 법의 자성화, 심의식의 동일시, 명색에 대한 오해라고 밝힌 적이 있습니다.(대끝-227) 이것들에 대해서는 들어가기나 해설에서 다시 자세히 보완해서 설명했습니다. 그런데 그중에서도 법의 자성화는 대승의 공사상을 격발시켰습니다. 근본불교에서는 공, 즉 비었음이라는 용어가 큰 비중을 차지하지 않았지만 대승에 이르러서는 핵심적이고도 압도적인 비중을 차지하는 용어가 되었습니다.

대승의 종점인 티벳불교의 밀교에서조차 그 정점은 '빈 상태'(空性)에 대한 이해로 마무리됩니다. 그러나 대승의 공사상은 아비담마 철학의 자체성질(自性)을 부정하고 비었음(空)의 개념을 내세운 점에서는 바람직했지만 부처님의 비었음의 개념에서 점점 벗어나게 됩니다. 대승에 속해 있는 지금의 우리가 가지고 있는 공의 개념이 얼마만큼 왜곡되었는지 살펴보려면 그 용어의 근본 개념을 확인하고 역사의 중간 흐름에서 그 개념이 어떤 변화의 과정을 거쳤는지 점검해 볼 필요가 있습니다.

1. 근본경전에서의 공 개념

근본 경전에 의하면 비었음의 일반적이고도 기본적인 뜻은 '특정 대상의 없어짐 혹은 부재(不在)'를 뜻합니다. 이 존재성의 박탈은 특정 대상을 인지하지 않는 것으로 이루어지며 그 결과로 마음의 고정됨을 달성합니다. 존재성의 박탈은 궁극적으로 탐진치와 유입들의 멸진으로까지 이어지는데 이것은 결국 꺼짐을 이룬다는 말입니다. 이와 같이 비었음은 일반적인 차원이든 전문적인 궁극의 차원이든 존재성의 박탈이라는 개념은 동일하게 유지됩니다.

2. 금강경에서의 공 개념

금강경에서는 인지(saññā, 相)의 부정을 통해서 실체 없음, 즉 비었음에 접근했습니다. 금강경은 고정관념의 인지함을 부정하는 인지함을 사용하기 때문에 '알아차림으로 도착하기'라기보다는 '인지함으로 도착하기'라고 하는 것이 더 합당합니다. 근본 경전인 본문에서도 인지하지 않는 것으로 비었음을 실현하는 과정이 있다는 점에서 공통점은 있습니다. 다만 금강경은 실체로 여기는 고정관념을 제거하는 방법에 치우쳐 있습니다. 대부분 '즉비 구문'으로 그 일을 수행합니다. 근본 경전에서도 '여섯 가지 꿰뚫어 주는 인지들'에 그러한 내용이 있습니다. 그중에서도 세 번째인 '괴로운 것은 자기가 없다고 인지함' 혹은 네 번째인 '제거한다고 인지함'이 금강경의 인지와 공통점이 있습니다. 그러나 이것은 직접적으로 곧바로 깨달음으로 인도하는 알아차림과는 다른 차원의 앎입니다. 물론 깨달음으로 이끌어 줄 수는 있지만 사변적인 담론이라는 기본적인 한계를 가졌다고 평가할 수 있겠습니다.

3. 반야심경에서의 공 개념

반야심경은 대승 후기에 등장하는 밀교의 진언 수행이 들어 있을 정도로 후대의 작품입니다. 그런 만큼 공사상도 진공묘유로서의 공으로 최종적인 집약이 이루어집니다. '색즉시공 공즉시색'이라는 유명한 구절로 잘 표현되고 있습니다. 그런데 이 구절은 '만물이 곧 브라흐마이고 브라흐마가 곧 만물'이라는 표현양식과 닮아 있습니다. 이 구절만 보면 범신론(汎神論, pantheism, 신과 세계는 일치한다.) 같지만 이어져 표현된 공성이 초월적인 위치를 가지며 만물을 모두 배제한다는 구절을 보면 범재신론(汎在神論, panentheism, 신은 세계에 내재해 있으면서도 초월해 있다.)과 같은 양식을 가졌다는 것을 알 수 있습니다. 어쨌든 공이 현실의 존재까지 포괄하는 개념으로 변화되었다는 것만큼은 확인할 수 있습니다.

반야심경은 첫 문장에서 나타나듯이 아비담마 철학의 다원론적 실체인 자체성질을 부정했지만 비었음의 자체성질, 즉 공성(빈 상태)이라는 새로운 일원론적인 실체를 상정하는 또 다른 실수에 빠지고 맙니다. 공성이라는 단어를 사용한 것만으로 잘못되었다고 할 수는 없지만 이 명칭으로 인해 공의 존재성을 강화시킨 측면은 있다고 보입니다. 나아가 이로써 다른 관념적 일원론의 실체들인 진여, 불성, 일심, 여래장 등과 동의어로 합일되는 방향으로 더 쉽게 흐를 수 있었습니다.

이러한 무리한 동의어 처리는 대승의 시조격이자 침략 전쟁의 책사였던 용수의 『중론』에서 근거를 찾을 수 있습니다. "우리는 '따라서 같이 생겨남'(緣起)인 그것을 '빈 상태'(空性)라고 말한다. 그것은 제시(假名, prajñaptiḥ, 빠알리어로 paññatti)하려고 포착한 것이며 단지 '중간 행보'(中道)일 뿐이다."(제24품 제18송)

라고 말하기 때문입니다.

한편 제25품의 제19송에서 윤회와 꺼짐을 동일시하는 이유
는 공성이라는 공통점 때문입니다. 그렇게 보자면 따라서-같
이-생겨남과 윤회와 꺼짐은 모두 공성과 동일한 것이 됩니다.
그러나 이것은 공통점으로 동일시하는 오류입니다. 예컨대 '너
는 사람이다. 범죄자도 사람이다. 그러므로 너는 범죄자다.'와
같은 오류입니다. 이 오류는 '번뇌가 열반이다.' '번뇌가 곧 보리
다.' '생사와 열반이 하나다.' '주색잡기가 다 반야행이다.' 등등
의 궤변을 양산하게 됩니다. 이렇게 공성, 연기, 윤회, 꺼짐의 동
일시는 아비담마 철학에서의 심의식의 동일시와 더불어 후대
불교에 커다란 악영향을 미치게 됩니다.

관념적 일원론의 실체로 왜곡된 공성은 브라만교의 신성
과 같은 위상을 갖기 때문에 대승에 정통한 사람이라면 불교
와 유일신교와의 공통점을 발견하고서 진리는 하나인데 표현
만 다를 뿐이라는 견해에 도달하게 됩니다. 그러나 "어구의 표
현양식들이 잘못 구성될 때 뜻도 잘못 전달됩니다. 비구들이여,
이러한 두 가지 법이 정법을 어지럽히고 은폐시킵니다."(초상
1-206)라는 부처님 말씀을 상기해야 할 것입니다.

의도와 뜻이 무엇이었든지 간에 외도의 표현양식을 쓰면서
불교라고 주장해서는 곤란합니다. 예컨대 '무아가 곧 참나이

다.'라거나 '본래 없는 그 자리가 진아다.'와 같은 궤변의 표현양식이 그에 해당합니다. 부처님께서는 이러한 주장을 '견해의 뒤틀림, 견해의 혼동, 견해의 결박'이라고 하셨습니다.(초맛1-179) 여기에서의 참나 혹은 진아가 브라만교의 아트만과 같은 단어이지만 뜻은 똑같지 않을 수도 있습니다. 그러나 같은 계열의 사상으로 해석할 수밖에 없습니다. 오해하도록 표현해 놓고 내 뜻은 그것이 아니라고 변명만 해서는 안 됩니다. 그래서 뜻과 표현양식은 정합성을 갖도록 일치시켜야 하는 것입니다. 부처님께서 세상을 분열시키려고 창조신 브라흐마의 신성과 진아(아뜨만)를 한평생 배척한 것이 아닙니다. 남과의 차이를 모른다면 자신을 모르고 있는 것이라고 자각할 필요가 있습니다.

4. 공에 대한 근본불교와 대승불교의 차이점

비었음에 대한 근본불교와 대승불교의 차이점은 크게 두 가지로 집약할 수 있습니다.

첫째는 비었음에 존재성을 적용하느냐 마느냐의 차이라고 할 수 있습니다. 부처님의 근본 가르침에서 비었음은 궁극적인 경지에 이르도록 존재성이 배제되는 것에 한해서만 쓰였습니다. 그러나 대승으로 진행될수록 존재성을 포괄하는 개념으로 변했고 더 나아가 모든 존재들의 실체로서 저변에 자리하는 개넘으로 바뀌었습니다.

둘째는 비었음이 사변적이냐 실천적이냐의 차이라고 할 수 있습니다. 본문에서 확인되듯이 근본불교에서의 비었음 혹은 비움은 실제 수행과정으로 기능하는 개념이며 수단이었습니다. 비움을 통해 마음의 고정됨을 달성하며 궁극적으로는 열반에 이르도록 설계되어 있습니다. 그러나 후대 대승에서는 비었음을 실제로 고정됨을 달성하는 수행을 통해 설명하는 사람은 찾아볼 수 없습니다. 모두 사변적으로, 논리적으로, 사상적으로만 이해하며 떠들 뿐입니다. 근본불교 입장에서는 왜곡된 탁상공론으로 보일 수 있습니다.

지금의 한국불교 혹은 세계불교는 정보와 문화가 동시에 교류되고 비교되는 시기에 진입했습니다. 그런데 전 세계적으로 수 천 년 동안 각자의 역사를 통해 갖가지 수행 전통과 교리들이 난립한 상황에 처해 있습니다. 이미 이와 비슷한 상황에서 신라의 원효는 화쟁을 시도한 적이 있었습니다. 그러나 원효의 화쟁이란 당시의 출처를 알 수 없는 경전의 난립상에서 나온 궁여지책이자 고육지책이었습니다. 성경과 코란과 베다를 부처님 말씀인 줄로 착각하고서 이 모두를 화해시키고 종합하면서 하나의 궁극적 교리를 이루려는 화쟁은 무모한 작업일 것입니다. 어쩌면 원효는 그런 작업을 수행했는지도 모릅니다.

그러나 부처님조차 당시 많은 외도의 사상들을 통폐합하며 하나의 회통 교리를 만들 수 없었습니다. 오히려 부처님처럼 없는 것은 없다고 해야 하고 잘못된 것은 잘못됐다고 해야 진정한 궁극의 교리에 도달할 수 있는 법입니다. 온갖 외도 사상을 다 알아내고 비판하며 회통할 시간과 능력은 있을 수 없습니다. 우리가 왜 성경이 부처님 말씀과 같은 가르침이라고 증명하기 위해 인생을 할애해야 합니까? 비슷한 문제로 온갖 위경을 다 파악하며 회통할 시간과 에너지가 넉넉할 리도 없습니다. 생사 해결을 위해 첫 번째 명상을 달성하는 일만 하더라도 평생의 노력이 요구될 수 있습니다.

이렇게 성취할 것들이 많은 것에 비해 짧디짧은 인생에서 공부의 범위를 한정하는 일은 중요한 과제입니다. 그런 의미에서 이젠 화쟁의 토대를 근본불교의 니까야(긴 부류, 중간 부류, 묶음 부류, 가짓수 부류, 자잘한 부류, 아울러 규제집까지)로 삼아야 하고 다시 근본불교의 갖가지 이견들은 회통의 원리를 격의법으로 삼아야 할 것입니다. 나아가 초기불교와 대승불교를 회통하는 중요한 원리 내지 개념도 격의법이라야 기초를 세울 수 있을 것입니다.

물론 수행을 통해서도, 여러 비교·대조를 통해서도 회통은 이루어져야겠지만 그에 앞서 격의법을 통해 기본 개념의 선명화와 통일이 먼저 이루어져야 그런 작업들도 신속·정확하게 실현되리라 봅니다. 또한 이러한 안목이야말로 짧은 인생을 낭비 없이 정법으로 빠르게 접어들게 하는 중요한 역할을 해줄 것이라고 확신합니다.

마지막으로, 이 책이 세상에 나올 수 있었던 것은 사유수 대표님께서 문경 골짜기까지 여러 차례 찾아오셔서 권유한 공덕 때문이었습니다. 대표님의 불교 공부에 대한 열정과 신심에 찬사를 드리고 싶습니다. 아울러 본서를 정정해 주고 법보시에 동참해 주신 신도님들께도 무량공덕의 축원을 드립니다.

세존이시며 동격자이신 바르며 같은 깨달음을
이루신 그분께 예배드립니다.

Namo tassa Bhagavato Arahato Sammāsambuddhassa

계묘년 맹하에 삼명당에서 병든 걸사 시현 삼가 쓰다.

251

찾
아
보
기
번
역
대
조

(본문번역/빨리어-한역/전재성 역/각묵 역 · PAGE)

○ ───

"두 가지 이것들은, 비구들이여, 보시들인데 물질보시와 법보
시입니다. 이 정점은, 비구들이여, 이들 두 가지 보시들의 것이
니, 그중에서도 법보시입니다."(초이-336, 한이-435)

Dve-māni, bhikkhave, dānāni āmisadānañca
dhammadānañca. etad-aggaṁ, bhikkhave, imesaṁ dvinnaṁ
dānānaṁ, yadidaṁ dhammadānaṁ. (ITIVUTTAKA-98)

"외통 이것은, 비구들이여, 길인데 존재자들의 정화를 위하고
슬픔과 통탄들을 뛰어넘게 하고 괴로움과 근심들을 스러지게
하고 이치를 터득하고 꺼짐을 실현하기 위한 것이니, 그중에
서도 '네 가지 상기의 출발점들'(四念處)입니다."(초디2-492, 한
디-963)

Ekāyano ayaṁ, bhikkhave, maggo sattānaṁ visuddhiyā
soka-pariddavānaṁ samatikkamāya dukkha-
domanassānaṁ atthagamāya ñāyassa adhigamāya
nibbānassa sacchikiriyāya, yadidaṁ cattāro satipaṭṭhānā
(D2-290)

※ 부처님의 근본 정법이 널리 알려지길 발원하는 법일, 인담, 인호 스님들과 이영무, 이동현, 강정숙요니소, 신홍순정화, 강대선청안, 강복득인지행, 강인옥무애성, 남경순원명정, 장성운대안, 전경혜보경화, 백경윤위사카, 이동희현성, 박정은지음, 박원창단제, 엄혜정단하연, 김미희와성, 장동숙율정정 불자님들께서 출판 인연을 지으셨습니다. 이 법공양 공덕으로 깊어지는 정법의 인연을 기약합니다.

지은이 **시현時現** ———————————————

1997년 해인사 입산 출가

백양사 강원 졸업

송광사 율원 졸업

선원 30여 안거 성만

『대승은 끝났다』(불광출판사, 2018)

『비구 급선무』(불광출판사, 2021)

비움과 금강경

1판 1쇄 인쇄 | 2023년 12월 20일
1판 1쇄 발행 | 2024년 1월 3일

지은이 | 시 현

펴낸이 | 이미현
펴낸곳 | 사유수출판사
만든이 | 이미현, 박숙경, 유진희

서울시 마포구 동교로 19길 86 제네시스 503호
대표전화 | 02-336-8910

등록 | 2007년 3월 4일